U0895519

双语译林
壹力文库
168

〔法国〕伏尔泰 著
傅 雷 译

老实人

译林出版社

目　录

第一章　老实人在一座美丽的宫堡中怎样受教育，怎样被驱逐

从前威斯发里地方，森特-登-脱龙克男爵大人府上，有个年轻汉子，天生性情最是和顺。看他相貌，就可知道他的心地。他颇识是非，头脑又简单不过；大概就因为此，人家才叫他作老实人。府里的老用人暗中疑心，他是男爵的姊妹和邻近一位安分善良的乡绅养的儿子；那小姐始终不肯嫁给那绅士，因为他旧家的世系只能追溯到七十一代，其余的家谱因为年深月久，失传了。

男爵是威斯发里第一等有财有势的爵爷，因为他的宫堡有一扇门、几扇窗，大厅上还挂着一幅毡幕，养牲口的院子里所有的狗随时可以编成狩猎大队，那些马夫是现成的领队——村里的教士是男爵的大司祭。他们都称男爵为大人；他一开口胡说八道，大家就跟着笑。

男爵夫人体重在三百五十斤上下，因此极有声望，接见宾客时那副威严，越发显得她可敬可佩。她有个十七岁的女儿居内贡，面色鲜红，又嫩又胖，教人看了馋涎欲滴。男爵的儿子样样都跟父亲并驾齐驱。教师邦葛罗斯是府里的圣人，老实人年少天真，一本诚

心地听着邦葛罗斯的教训。

邦葛罗斯教的是一种包罗玄学、神学、宇宙学的学问。他很巧妙地证明天下事有果必有因，又证明在此最完美的世界上，男爵的宫堡是最美的宫堡，男爵夫人是天底下好到不能再好的男爵夫人。

他说："显而易见，事无大小，皆系定数；万物既皆有归宿，此归宿自必为最美满的归宿。岂不见鼻子是长来戴眼镜的吗？所以我们有眼镜。身上安放两条腿是为穿长裤的，所以我们有长裤。石头是要人开凿，盖造宫堡的，所以男爵大人有一座美轮美奂的宫堡；本省最有地位的男爵不是应当住得最好吗？猪是生来给人吃的，所以我们终年吃猪肉；谁要说一切皆善简直是胡扯，应当说尽善尽美才对。"

老实人一心一意地听着，好不天真地相信着；因为他觉得居内贡小姐美丽无比，虽则从来没胆子敢对她这么说。他认定第一等福气是生为男爵；第二等福气是生为居内贡小姐；第三等福气是天天看到小姐；第四等福气是听到邦葛罗斯大师的高论，他是本省最伟大的，所以是全球最伟大的哲学家。

有一天，居内贡小姐在宫堡附近散步，走在那个叫作猎场的小树林中，忽然瞥见丛树之间，邦葛罗斯正替她母亲的女仆，一个很俊俏、很和顺的棕发姑娘，上一课实验物理学。居内贡小姐素来好学，便屏气凝神，把她亲眼看到的、三番四复搬演的实验，观察了一番。她清清楚楚看到了博学大师的根据，看到了结果和原因，然后浑身紧张、胡思乱想地回家，巴不得做个博学的才女；私忖自己大可作青年老实人的根据，老实人也大可作她的根据。

回宫堡的路上，她遇到老实人，不由得脸红了；老实人也脸红了。她跟他招呼，语不成声；老实人和她答话，不知所云。第二天，吃过中饭，离开饭桌，居内贡和老实人在一座屏风后面，居内贡把手帕掉在地上，老实人捡了起来；她无心地拿着他的手，年轻人无心地吻着少女的手，那种热情，那种温柔，那种风度，都有点异乎寻常。两人嘴巴碰上了，眼睛射出火焰，膝盖直打哆嗦，手往四下里乱动。森特-登-脱龙克男爵打屏风边过，一看这个原因、这个结果，立刻飞起大腿，踢着老实人的屁股，把他赶出大门。居内贡当场晕倒，醒来挨了男爵夫人一顿巴掌。于是在这最美丽最愉快的宫堡里，大家为之惊惶失措。

第二章　老实人在保加利亚人中的遭遇

老实人被赶出了地上的乐园，茫无目的，走了好久，一边哭一边望着天，又常常回头望那座住着最美的男爵小姐的最美的宫堡。晚上饿着肚子，睡在田里；又遇着大雪。第二天，老实人冻僵了，挣扎着走向近边一个市镇，那市镇叫作代特勃谷夫-脱拉蒲克-狄克陶夫。他一个钱也没有，饿得要死，累得要死，好不愁闷地站在一家酒店门口。

两个穿蓝衣服[①]的人把他看在眼里，其中一个对另外一个说："喂，伙计，这小伙子长得怪不错，身量也合格。"他们过来很客气地邀他吃饭。

老实人挺可爱挺谦逊地答道："承蒙相邀，不胜荣幸，无奈我囊空如洗，付不出份头啊。"

两个穿蓝衣服的人之中的一个说："啊，先生，凭你这副品貌才

① 当时招募新兵的差役都穿蓝制服。

具，哪有破钞之理！你不是身长五尺半吗？”

老实人鞠了一躬，道：“不错，我正是五尺半高低。”

“啊，先生，坐下吃饭吧；我们不但要替你惠钞，而且决不让你这样一个人物缺少钱用；患难相助，人之天职，可不是吗？”

老实人回答：“说得有理；邦葛罗斯先生一向这么告诉我的；我看明白了，世界真是安排得再好没有。”

两人要他收下几块银洋，他接了钱，想写一张借据，他们执意不要。宾主便坐下吃饭。

他们问：“你不是十分爱慕……？”

老实人答道：“是啊，我十分爱慕居内贡小姐。”

两人之中的一个忙说：“不是这意思；我们问你是否爱慕保加利亚国王。”

老实人道：“不，我从来没见过他。”

“怎么不？他是天底下最可爱的国王，应当为他干杯。”

“好吧，我遵命就是了。”说着便干了一杯。

两人就说：“得啦得啦，现在你已经是保加利亚的柱石、股肱、卫士、英雄了；你利禄也到手了，功名也有望了。”随即把老实人上了脚镣，带往营部，叫他向左转，向右转，扳上火门，扳下火门，瞄准，开放，快步跑，又赏他三十军棍。第二天他操练略有进步，只挨了二十棍；第三天只吃了十棍，弟兄们都认为他是天才。

老实人莫名其妙，弄不清他怎么会成为英雄的。一日，正是美好的春天，他想出去溜溜，便信步前行，满以为随心所欲地调动两腿，是人和动物共有的权利。还没走上七八里地，四个身长六尺的英雄追上来，把他捆起，送进地牢。他们按照法律规定，问他喜欢哪一样：是让全团弟兄鞭上三十六道呢，还是脑袋里同时送进十二颗子弹？

他声明意志是自由的，他两样都不想要；只是枉费唇舌，非挑一样不可。他只能利用上帝的恩赐，利用所谓自由，决意挨受三十六道鞭子。

他挨了两道。团里共有两千人，两道就是四千鞭子：从颈窝到屁股，他的肌肉与神经统统露在外面了。第三道正要开始，老实人忍受不住，要求额外开恩，干脆砍掉他的脑袋。他们答应了，用布条蒙住他的眼睛，教他跪下。

恰好保加利亚国王在旁走过，问了犯人的罪状；国王英明无比，听了老实人的情形，知道他是个青年玄学家，世事一窍不通，便把他赦免了；这宽大的德政，将来准会得到每份报纸每个世纪的颂扬。一位热心的外科医生，用希腊名医狄俄斯戈里传下的伤药，不出三星期就把老实人治好。他已经长了些新皮，能够走路了，保加利亚王和阿伐尔[①]王却打起仗来。

---

① 阿伐尔人又称阿巴尔人，为匈奴族的一支，曾于七八世纪时侵入欧洲，后为查理曼大帝逐走；自第十世纪后即不见史乘。伏尔泰仅以之为寓言材料，读者幸勿以史实绳之。

第三章　老实人怎样逃出保加利亚人的掌握，以后又是怎样的遭遇

两支军队的雄壮、敏捷、辉煌和整齐，可以说无与伦比。喇叭、横笛、长箫、军鼓、大炮，合奏齐鸣，连地狱里也从来没有如此和谐的音乐。先是大炮把每一边的军队轰倒六千左右；排枪又替最美好的世界扫除了九千到一万名玷污地面的坏蛋。刺刀又充分说明了几千人的死因。总数大概有三万上下。老实人像哲学家一样发抖，在这场英勇的屠杀中尽量躲藏。

两国的国王各自在营中叫人高唱吾主上帝，感谢神恩；老实人可决意换一个地方去推敲因果关系了。他从已死和未死的人堆上爬过去，进入一个邻近的村子，只见一片灰烬。那是阿伐尔人的村庄，被保加利亚人依照公法焚毁了。这儿是戳满窟窿的老人，眼睁睁地看着他们被杀的妻子，怀中还有婴儿衔着血污的奶头；那儿是满足了英雄们的需要，被开肠破肚的姑娘，正在咽最后一口气；又有些烧得半死不活的，嚷着求人结果他们的性命。地下是断臂折腿，旁边淌着脑浆。

老实人拔步飞奔，逃往另外一个村子：那是保加利亚人的地方；阿伐尔人对付他们的手段也一般无二。老实人脚下踩着的不是瓦砾，便是还在扭动的肢体。他终于走出战场，褡裢内带着些干粮，念念不忘地想着居内贡小姐。到荷兰境内，干粮吃完了；但听说当地人人皆是富翁，并且是基督徒，便深信他们待客的情谊决不亚于男爵府上，就是说和他没有为了美丽的居内贡而被逐的时代一样。

他向好几位道貌岸然的人求布施。他们一致回答，倘若他老干这一行，就得送进感化院，教教他做人之道。

接着他看见一个人在大会上演讲，一口气讲了一个钟点，题目是乐善好施。他讲完了，老实人上前求助。演说家斜视着他，问道："你来干什么？你是不是排斥外道，拥护正果的？"

老实人很谦卑地回答："噢！天下事有果必有因；一切皆如连锁，安排得再妥当没有。我必须从居内贡小姐那边被赶出来，必须挨鞭子。我必须讨面包，讨到我能自己挣面包为止。这都是必然之事。"

演说家又问："朋友，你可相信教皇是魔道吗①？"

老实人回答："我还没听见这么说过；他是魔道也罢，不是魔道也罢，我缺少面包是真的。"

那人道："你不配吃面包；滚开去，坏蛋；滚，流氓；滚，别走近我。"

演说家的老婆在窗口探了探头，看到一个不信教皇为魔道的人，

---

① 荷兰在宗教革命时代为新教徒的大本营，当然反对教皇。

立刻向他倒下一大……噢，天！妇女的醉心宗教竟会到这个地步！

一个未受洗礼的再浸礼派[①]信徒，名叫雅各，看到一个同胞，一个没有羽毛而有灵魂的两足动物，受到这样野蛮无礼的待遇，便带他到家里，让他洗澡，给他面包、啤酒，送他两个弗洛冷[②]，还打算教老实人进他布厂学手艺，布厂的出品是在荷兰织造而叫作波斯呢的一种印花布。

老实人差不多扑在他脚下，叫道："邦葛罗斯老师早告诉我了，这个世界上样样都十全十美；你的慷慨豪爽，比着那位穿黑衣服的先生和他太太的残酷，使我感动多了。"

---

① 再浸礼派为基督教中的一小派，认为婴儿受洗完全无效，必于成人后再行洗礼。该派起源于十六世纪，正当日耳曼若干地区发生农民革命的时期。

② 弗洛冷为一种货币名称，十三世纪起由翡冷翠政府发行，原为金币。以后各国皆有仿制，并改铸为银币，法、荷、奥诸国均有。

第四章　老实人怎样遇到从前的哲学老师邦葛罗斯博士，和以后的遭遇

第二天，他在街上闲逛，遇到一个花子，身上长着脓包，两眼无光，鼻尖烂了一截，嘴歪在半边，牙齿乌黑，说话逼紧着喉咙，咳得厉害，呛一阵就掉一颗牙。

老实人一见之下，怜悯胜过了厌恶，把好心的雅各送的两个弗洛冷给了可怕的花子。那鬼一样的家伙定睛瞧着他，落着眼泪，向他的脖子直扑过来。老实人吓得后退不迭。

“唉！”那个可怜虫向这个可怜虫说道，“你认不得你亲爱的邦葛罗斯了吗？”

“什么！亲爱的老师，是你？你会落到这般悲惨的田地？你碰上了什么倒霉事呀？干么不住在最美的宫堡里了？居内贡小姐，那女中之宝，天地的杰作，又怎么了呢？”

邦葛罗斯说道：“我支持不住了。”老实人便带他上雅各家的马房，给他一些面包。

等到邦葛罗斯有了力气，老实人又问：“那么居内贡呢？”

“她死了。”

老实人一听这话就晕了过去。马房里恰好有些坏醋，邦葛罗斯拿来把老实人救醒了。

他睁开眼叫道：“居内贡死了！啊，最美好的世界到哪里去了？她害什么病死的？莫非因为看到我被她令尊大人一边踢，一边赶出了美丽的宫堡吗？”

邦葛罗斯答道：“不是的；保加利亚兵先把她蹂躏得不像样了，又一刀戳进她肚子；男爵上前救护，被乱兵砍了脑袋；男爵夫人被人分尸，割作几块；我可怜的学生和他妹妹的遭遇完全一样；宫堡变了平地，连一所谷仓、一头羊、一只鸭子、一棵树都不留了；可是人家代我们报了仇，阿伐尔人对近边一个保加利亚男爵的府第也如法炮制。”

听了这番话，老实人又昏迷了一阵；等到醒来，把该说的话说完了，便追问是什么因，什么果，什么根据，把邦葛罗斯弄成这副可怜的形景。

邦葛罗斯答道：“唉，那是爱情啊；是那安慰人类，保存世界，为一切有情人的灵魂的、甜蜜的爱情啊。”

老实人也道：“噢！爱情，这个心灵的主宰，灵魂的灵魂，我也领教过了。所得的酬报不过是一个亲吻，还有屁股上挨了一二十下。这样一件美事，怎会在你身上产生这样丑恶的后果呢？”

于是邦葛罗斯说了下面一席话：

“噢，亲爱的老实人！咱们庄严的男爵夫人有个俊俏的侍女，叫作巴该德，你不是认识的吗？我在她怀中尝到的乐趣，赛过登天一般；乐趣产生的苦难却像堕入地狱一样，使我浑身上下受着毒刑。巴该德也害着这个病，说不定已经死了。巴该德的那件礼物，是一个芳济会神父送的；他非常博学，把源流考证出来了：他的病是得之于一个老伯爵夫人，老伯爵夫人得之于一个骑兵上尉，骑兵上尉得之于一个侯爵夫人，侯爵夫人得之于一个侍从，侍从得之于一个耶稣会神父，耶稣会神父当修士的时候，直接得之于哥伦布的一个同伴。至于我，我不会再传给别人了，我眼看要送命的了。”

老实人嚷道：“噢，邦葛罗斯！这段家谱可离奇透了！祸根不都在魔鬼身上吗？”

“不是的，”那位大人物回答，“在十全十美的世界上，这是无可避免的事，必不可少的要素。固然这病不但毒害生殖的本源，往往还阻止生殖，和自然界的大目标是相反的；但要是哥伦布没有在美洲一座岛上染到这个病，我们哪会有巧克力，哪会有做胭脂用的胭脂虫颜料？还得注意一点：至此为止，这病和宗教方面的争论一样，是本洲独有的。土耳其人、印度人、波斯人、中国人、暹罗人、日本人都还没见识过；可是有个必然之理，不出几百年，他们也会领教的。目前这病在我们中间进步神速，尤其在大军之中，在文雅、安分、操纵各国命运的佣兵所组成的大军之中；倘有三万人和员额相等的敌军作战，每一方面必有两万人身长毒疮。”

老实人道：“这真是妙不可言。不过你总得医啊。”

邦葛罗斯回答：“我怎么能医？朋友，我没有钱呀。不付钱，或是没有别人代付钱，你走遍地球也不能放一次血[①]、洗一个澡。”

听到最后几句，老实人打定了主意；他去跪在好心的雅各面前，把朋友落难的情形说得那么动人，雅各竟毫不迟疑，招留了邦葛罗斯博士，出钱给他治病。治疗的结果，邦葛罗斯只损失了一只眼睛和一只耳朵。他笔下很了得，又精通算术。雅各派他当账房。过了两月，雅各为了生意上的事要到里斯本去，把两位哲学家带在船上。邦葛罗斯一路向他解释，世界上一切都好得无以复加。雅各不同意。

他说：“无论如何，人的本性多少是变坏了，他们生下来不是狼，却变了狼。上帝没有给他们二十四磅的大炮[②]，也没有给他们刺刀；他们却造了刺刀大炮互相毁灭。多少起的破产，和法院攫取破产人财产、侵害债权人利益的事，我可以立一本清账。”

独眼博士回答道：“这些都是应有之事，个人的苦难造成全体的幸福；个人的苦难越多，全体越幸福。”

他们正在这么讨论，忽然天昏地黑，狂风四起，就在望得见里斯本港口的地方，他们的船遇到了最可怕的飓风。

① 至十九世纪中叶为止，放血为欧洲最普遍的一种治疗方法，其作用略如吾国民间之“放痧”。

② 二十四磅炮即发射二十四磅重的炮弹的炮。

第五章　飓风，覆舟，地震；邦葛罗斯博士、老实人和雅各的遭遇

船身颠簸打滚，人身上所有的液质[①]和神经都被搅乱了：这些难以想象的痛苦使半数乘客软瘫了，快死了，没有气力再为眼前的危险着急。另外一半乘客大声叫喊，做着祷告。帆破了，桅断了，船身裂了一半。大家忙着抢救，七嘴八舌，各有各的主意，谁也指挥不了谁。雅各帮着做点儿事；他正在舱面上，被一个发疯般的水手狠狠一拳打倒在地；水手用力过猛，也摔出去倒挂着吊在折断的桅杆上。好心的雅各上前援救，帮他爬上来；不料一使劲，雅各竟冲下海去，水手让他淹死，看都不屑一看。老实人瞧着恩人在水面上冒了一冒，不见了。他想跟着雅各跳海；哲学家邦葛罗斯把他拦住了，引经据典地说：为了要淹死雅各，海上才有这个里斯本港口的。他正在高谈因果以求证明的当口，船裂开了，所有的乘客都送了性命，只剩下邦葛罗斯、老实人和淹死善人雅各的野蛮水手，那坏蛋很顺利

---

① 此液质指人身内部的各种液体，如血、淋巴等等。

地泅到了岸上；邦葛罗斯和老实人靠一块木板把他们送上陆地。

他们惊魂略定，就向里斯本进发；身边还剩几个钱，只希望凭着这点儿盘缠，他们从飓风中逃出来的命，不至于再为饥饿送掉。

一边走一边悼念他们的恩人；才进城，他们觉得地震了[①]。港口里的浪像沸水一般往上直冒，停泊的船给打得稀烂。飞舞回旋的火焰和灰烬，盖满了街道和广场；屋子倒下来，房顶压在地基上，地基跟着坍毁；三万名男女老幼都给压死了。

水手打着呼哨，连咒带骂地说道："哼，这儿倒可以发笔财呢。"

邦葛罗斯说："这现象究竟有何根据呢？"

老实人嚷道："啊！世界末日到了！"

水手闯进瓦砾场，不顾性命，只管找钱，找到了便揣在怀里；喝了很多酒，醉醺醺地睡了一觉，在倒坍的屋子和将死已死的人中间，遇到第一个肯卖笑的姑娘，他就掏出钱来买。

邦葛罗斯扯着他袖子，说道："朋友，使不得，使不得，你违反理性了，干这个事不是时候。"

水手答道："天杀的，去你的吧！我是当水手的，生在巴太维亚；到日本去过四次，好比十字架上爬过四次。理性，理性，你的理性找错人了！"

几块碎石头砸伤了老实人；他躺在街上，埋在瓦砾中间，和邦葛罗斯说道："唉，给我一点儿酒和油吧；我要死了。"

---

① 影射一七五五年十一月七日的里斯本地震。

邦葛罗斯答道："地震不是新鲜事儿；南美洲的利马去年有过同样的震动；同样的因，同样的果；从利马到里斯本，地底下准有一道硫黄的伏流。"

"那很可能，"老实人说，"可是看在上帝分上，给我一些油和酒呀。"

哲学家回答："怎么说可能？我断定那是千真万确的事。"

老实人晕过去了，邦葛罗斯从近边一口井里拿了点儿水给他。

第二天，他们在破砖碎瓦堆里爬来爬去，弄到一些吃的，略微长了些气力。他们跟旁人一同救护死里逃生的居民。得救的人中有几个请他们吃饭，算是大难之中所能张罗的最好的一餐。不用说，饭桌上空气凄凉得很；同席的都是一把眼泪，一口面包。邦葛罗斯安慰他们，说那是定数："因为那安排得不能再好了；里斯本既然有一座火山，这座火山就不可能在旁的地方。因为物之所在，不能不在，因为一切皆善。"

旁边坐着一位穿黑衣服的矮个子，是异教裁判所的一个小官；他挺有礼貌地开言道："先生明明不信原始罪恶了；倘使一切都十全十美，人就不会堕落，不会受罚了[①]。"

邦葛罗斯回答的时候比他礼貌更周到："敬请阁下原谅，鄙意并非如此。人的堕落和受罚，在好得不能再好的世界上，原是必不可少的事。"

① 最后两句指亚当与夏娃偷食禁果之事。

那小官儿又道：“先生莫非不信自由吗？”

邦葛罗斯答道：“敬请阁下原谅；自由与定数可以并存不悖；因为我们必须自由，因为坚决的意志……”

邦葛罗斯说到一半，那小官儿对手下的卫兵点点头，卫兵便过来替他斟包多酒或是什么奥包多酒。

第六章　怎样地举办功德大会禳解地震，老实人怎样地被打板子

地震把里斯本毁了四分之三，地方上一般有道行的人，觉得要防止全城毁灭，除了替民众办一个大规模的功德会，别无他法。科印勃勒大学[①]的博士们认为，在庄严的仪式中用文火活活烧死几个人，是阻止地震万试万灵的秘方。

因此他们抓下一个波斯加伊人，两个葡萄牙人。波斯加伊人供认娶了自己的干妈[②]，葡萄牙人的罪名是吃鸡的时候把同煮的火腿扔掉。刚吃过饭的邦葛罗斯和他的门徒老实人也被捕了，一个是因为说了话，一个是因为听的神气表示赞成。两人被分别带进一间十分凉快、永远不会受到阳光刺激的屋子。八天以后，他们俩穿上特制的披风，头上戴着尖顶纸帽：老实人的披风和尖帽，画的是倒垂的火焰，一些没有尾巴、没有爪子的魔鬼；邦葛罗斯身上的魔鬼又有尾巴

---

① 科印勃勒大学为葡萄牙有名的大学。一七五六年六月二十日，葡萄牙确曾举办此种“功德大会”。

② 教徒受洗时有教父教母各一人，干妈为教徒对教母的称谓。

又有爪子，火焰是向上的。他们装束停当[1]，跟着大队游行，听了一篇悲壮动人的讲道，紧跟着又是很美妙的几部合唱的音乐。一边唱歌，一边就有人把老实人按着节拍打屁股。波斯加伊人和两个吃鸡没吃火腿的葡萄牙人被烧死了，邦葛罗斯是被吊死的，虽然这种刑罚与习惯不合。当天会后，又轰隆隆地来了一次惊心动魄的地震[2]。

老实人吓得魂不附体，目瞪口呆，头里昏昏沉沉，身上全是血迹，打着哆嗦，对自己说道："最好的世界尚且如此，别的世界还了得？我挨打屁股倒还罢了，保加利亚人也把我打过的；可是亲爱的邦葛罗斯！你这个最伟大的哲学家！我连你罪名都不知道，竟眼看你被吊死，难道是应该的吗？噢，亲爱的雅各，你这个最好的好人，难道应该淹死在港口里吗？噢，居内贡小姐，你这女中之宝，难道应当被人开肠剖肚吗？"

老实人听过布道，打过屁股，受了赦免，受了祝福，东倒西歪，挣扎着走回去，忽然有个老婆子过来和他说："孩子，鼓起勇气来，跟我走。"

---

① 十六七世纪时，异教裁判所执行火刑时，犯人装束确如作者所述。

② 一七五五年十二月二十一日葡萄牙再度地震。

第七章　一个老婆子怎样地照顾老实人，老实人怎样地重遇爱人

老实人谈不到什么勇气，只跟着老婆子走进一所破屋：她给他一罐药膏叫他搽，又给他饮食；屋内有一张还算干净的床，床边摆着一套衣服。

她说："你尽管吃喝；但愿阿多夏的圣母、巴杜的圣·安东尼、刚波斯丹的圣·雅各，一齐保佑你：我明儿再来。"

老实人对于见到的事、受到的灾难，始终莫名其妙，老婆子的慈悲尤其使他诧异。他想亲她的手。

老婆子说道："你该亲吻的不是我的手；我明儿再来。你搽着药膏，吃饱了好好地睡吧。"

老实人虽则遭了许多横祸，还是吃了东西，睡着了。第二天，老婆子送早点来，看了看他的背脊，替他涂上另外一种药膏；过后又端中饭来；傍晚又送夜饭来。第三天，她照常办事。

老实人紧盯着问："你是谁啊？谁使你这样大发善心的？教我怎么报答你呢？"

好心的女人始终不出一声；晚上她又来了，却没有端晚饭，只说：“跟我走，别说话。”

她扶着他在野外走了半里多路，到一所孤零零的屋子，四周有花园，有小河。老婆子在一扇小门上敲了几下。门开了，她带着老实人打一座暗梯走进一个金漆小房间，叫他坐在一张金银铺绣的便榻上，关了门，走了。老实人以为是做梦，他把一生看作一个噩梦，把眼前看作一个好梦。

一忽儿老婆子又出现了，好不费事地扶着一个浑身发抖的女子，庄严魁伟，戴着面网，一派的珠光宝气。

老婆子对老实人说：“你来，把面网揭开。”

老实人上前怯生生地举起手来。哪知不揭犹可，一揭就出了奇事！他以为看到了居内贡小姐；他果然看到了居内贡小姐，不是她是谁！老实人没了气力，说不出话，倒在她脚下。居内贡倒在便榻上。老婆子灌了许多酒，他们才醒过来，谈话了：先是断断续续的一言半语，双方同时发问，同时回答，不知叹了多少气，流了多少泪，叫了多少声。老婆子教他们把声音放低一些，丢下他们走了。

老实人和居内贡说：“怎么，是你！你还活着！怎么会在葡萄牙碰到你？邦葛罗斯说你被人强奸，被人开肠剖肚，都是不确的吗？”

美丽的居内贡答道：“一点儿不假。可是一个人受了这两种难，不一定就死的。”

“你爸爸妈妈被杀死，可是真的？”

“真的。”居内贡哭着回答。

“那么你的哥哥呢？”

“他也被杀死了。”

“你怎么在葡萄牙的？怎么知道我也在这里？你用了什么妙计，教人带我到这屋子来的？”

那女的说道：“我等会儿告诉你。你先讲给我听：从你给了我纯洁的一吻、被踢了一顿起，到现在为止，经过些什么事？”

老实人恭恭敬敬听从了她的吩咐。虽则头脑昏沉，声音又轻又抖，脊梁还有点儿作痛，他仍是很天真地把别后的事统统告诉了她。居内贡眼睛望着天；听到雅各和邦葛罗斯的死，不免落了几滴眼泪。接着她和老实人说了后面一席话，老实人一字不漏地听着，目不转睛地瞅着她，仿佛要把她吞下去似的。

第八章　居内贡的经历

“我正躺在床上，睡得很熟，不料上天一时高兴，打发保加利亚人到我们森特-登-脱龙克美丽的宫堡中来；他们把我父亲和哥哥抹了脖子，把我母亲割作几块。一个高大的保加利亚人，身长六尺，看我为了父母的惨死昏迷了，就把我强奸；这一下我可醒了，立刻神志清楚，大叫大嚷，拼命挣扎，口咬，手抓，恨不得挖掉那保加利亚高个子的眼睛；我不知道我父亲宫堡中发生的事原是常有的。那蛮子往我左腋下戳了一刀，至今还留着疤。”

天真的老实人道：“哎哟！我倒很想瞧瞧这疤呢。”

居内贡回答：“等会儿给你瞧。先让我讲下去。”

“好，讲下去吧。”老实人说。

她继续她的故事：“那时一个保加利亚上尉闯进来，看我满身是血，那兵若无其事，照旧干他的。上尉因为蛮子对他如此无礼，不禁勃然大怒，就在我身上把他杀了；又叫人替我包扎伤口，带往营部作为俘虏。我替他煮饭洗衣，其实也没有多少内衣可洗。不瞒你说，他觉得我挺美；我也不能否认他长得挺漂亮，皮肤又白又嫩；除此以外，他没有什么思想，不懂什么哲学；明明没受过邦葛罗斯博士的熏陶。过了三个月，他钱都花完了，对我厌倦了，把我卖给一个犹太人，叫作唐·伊萨加，在荷兰与葡萄牙两地做买卖的，极好女色。他对我很中意，可是占据不了；我抗拒他不像抗拒保加利亚兵那样软弱。一个清白的女子可能被强奸一次，但她的贞操倒反受了锻炼。犹太人想收服我，送我到这座乡下别墅来。我一向以为森特-登-脱龙克宫堡是世界上最美的屋子，现在才发觉我错了。

“异教裁判所的大法官有天在弥撒祭中见到我，用手眼镜向我瞄了好几回，叫人传话，说有机密事儿和我谈。我走进他的府第，说明我的出身；他解释给我听，让一个以色列人霸占对我是多么有失身份。接着有人出面向唐·伊萨加提议，要他把我让给法官大人。唐·伊萨加是宫廷中的银行家，很有面子，一口回绝了。大法官拿功德会吓他。犹太人受不了惊吓，讲妥了这样的条件：这所屋子跟我作为他们俩的共有财产，星期一、三、六归犹太人，余下的日子归大法官。这协议已经成立了六个月。争执还是有的；因为决不定星期六至星期日之间的那一夜应该归谁。至于我，至今对他们俩一个都不接受，大概就因为此，他们对我始终宠爱不衰。

“后来为了禳解地震，同时为了吓吓唐·伊萨加，大法官办了一个功德大会。我很荣幸地被邀观礼，坐着上席；弥撒祭和行刑之间的休息时期，还有人侍候女太太们喝冷饮。看到两个犹太人和娶了干妈的那个老实的波斯加伊人被烧死，我的确非常恐惧，但一见有个身穿披风、头戴纸帽的人，脸孔很像邦葛罗斯，我的诧异、惊惧、惶惑更不消说了。我抹了抹眼睛，留神细看；他一吊上去，我就昏迷了。我才苏醒，又看到你剥得精赤条条的；我那时的恐惧、错愕、痛苦、绝望真是达于极点。可是老实说，你的皮肤比我那保加利亚上尉的还要白，还要红得好看。我一见之下，那些把我煎熬把我折磨的感觉更加强了。我叫着嚷着，想喊：'喂，住手呀！你们这些蛮子！'只是喊不出声音，而且即使喊出来也未必有用。等你打完了屁股，我心里想：怎么大智大慧的邦葛罗斯和可爱的老实人会在里斯本，一个挨了鞭子，一个被吊死？而且都是把我当作心肝宝贝的大法官发的命令！邦葛罗斯从前和我说，世界上一切都十全十美；现在想来，竟是残酷的骗人话。

"紧张，慌乱，一忽儿气得发疯，一忽儿四肢无力，快死过去了；我头脑乱糟糟的，想的无非是父母兄长的惨死，下流的保加利亚兵的蛮横，他扎我的一刀，我的沦为奴仆、身为厨娘，还有那保加利亚上尉，无耻的唐·伊萨加，卑鄙的大法官，邦葛罗斯博士的吊死，你挨打屁股时大家合唱的圣诗，尤其想着我最后见到你的那天，在屏风后面给你的一吻。我感谢上帝教你受尽了折磨仍旧回到我身边来。我吩咐侍候我的老婆子照顾你，能带到这儿来的时候就带你来。她把事情办得很妥当。现在能跟你相会，听你说话，和你谈心，我真乐死了。你大概饿极了吧；我肚子闹饥荒了；来，咱们先吃饭吧。"

两人坐上饭桌；吃过晚饭，又回到上文提过的那张便榻上；他们正在榻上的时候，两个屋主之中的一个，唐·伊萨加大爷到了。那天是星期六，他是来享受权利、诉说他的深情的。

第九章 居内贡、老实人、大法官和犹太人的遭遇

自从以色列国民被移置巴比伦到现在，这伊萨加是性情最暴烈的希伯来人了[①]。

他说："什么！你这加利利[②]的母狗，养了大法官还不够，还要我跟这个杂种平分吗？"

说着抽出随身的大刀，直扑老实人，没想到老实人也有武器。咱们这个威斯发里青年，从老婆子那儿得到衣服的时候也得了一把剑。他虽是性情和顺，也不免拔出剑来，教以色列人直挺挺地横在美丽的居内贡脚下。

她嚷起来："圣母玛丽亚！怎么办呢？家里出了人命了！差役一到，咱们就完啦。"

---

① 希伯来族自所罗门王薨后，分为犹太与以色列两国，公元前六世纪为巴比伦王尼布甲尼撒二世征服，大批希伯来人被移往巴比伦为奴。西方所谓希伯来人、以色列人、犹太人皆指同一民族。

② 加利利人为异教徒对基督徒之称谓，因伊萨加为犹太人，居内贡为基督徒。

老实人说："邦葛罗斯要没有吊死，在这个危急的关头，一定能替咱们出个好主意，因为他是大哲学家。既然他死了，咱们去跟老婆子商量吧。"

她非常乖巧，刚开始发表意见，另外一扇小门又开了。那时已经半夜一点，是星期日了。这一天是大法官的名分。他进来，看见打过屁股的老实人握着剑，地下躺着个死人，居内贡面无人色，老婆子正在出主意。

那时老实人转的念头是这样的："这圣徒一开口叫人，我就万无侥幸，一定得被活活烧死；他对居内贡也可能如法炮制。他多狠心，叫人打我屁股；何况又是我的情敌；现在我杀了人，被他当场撞见，不能再三心二意了。"

这些念头来得又快又清楚；他便趁大法官还在发愣的当口，马上利剑一挥，把他从前胸戳到后背，刺倒在犹太人旁边。

"啊，又是一个！"居内贡说，"那还有宽赦的希望吗？我们要被驱逐出教，我们的末日到了。你性子多和顺，怎么不出两分钟会杀了一个犹太人、一个主教的[①]？"

老实人答道："美丽的小姐，一个人动了爱情，起了妒性，被异教裁判所打了屁股，竟变得连自己也认不得了。"

老婆子道："马房里有三匹安达鲁齐马，鞍辔俱全；叫老实人去套好牲口；太太有的是金洋钻石；快快上马，奔加第士去；我只有半

① 异教裁判所的法官均系高级的教士兼的。

个屁股好骑马，也顾不得了；天气很好，趁夜凉赶路也是件快事。”

老实人立刻把三匹马套好。居内贡、老婆子和他三人一口气直赶了四五十里。他们在路上逃亡期间，公安大队到了那屋子；他们把法官大人葬在一所华丽的教堂内，把犹太人扔在垃圾堆上。

老实人、居内贡和老婆子到了莫雷那山中的一个小镇，叫作阿伐赛那。他们在一家酒店里谈了下面一段话。

第十章　老实人、居内贡和老婆子怎样一贫如洗地到加第士，怎样地上船

居内贡一边哭一边说：“啊，谁偷了我的比斯多[①]和钻石？教咱们靠什么过活呢？怎么办呢？哪里再能找到大法官和犹太人，给我金洋和钻石呢？”

老婆子道：“唉！昨天晚上有个芳济会神父，在巴大育和我们宿在一个客栈里，我疑心是他干的事；青天在上，我决不敢冤枉好人，不过那神父到我们房里来过两次，比我们早走了不知多少时候。”

老实人道：“哎啊！邦葛罗斯常常向我证明，尘世的财富是人类的公产，人人皆得而取之。根据这原则，那芳济会神父应当留下一部分钱，给我们作路费。美丽的居内贡，难道他什么都不留给我们吗？”

她说：“一个子儿都没留。”

老实人道：“那怎么办呢？”

老婆子道：“卖掉一匹马吧；我虽然只有半个屁股，还是可以骑

① 比斯多为西班牙的一种金币。

在小姐背后；这样我们就可以到加第士了。”

小客栈中住着一个本多会修院的院长，花了很低的价钱买了马。老实人、居内贡和老婆子，经过罗赛那、基拉斯、莱勃列克撒，到了加第士。加第士正在编一个舰队，招募士兵，预备教巴拉圭的耶稣会神父[①]就范，因为有人告他们煽动某个部落反抗西班牙与葡萄牙的国王。老实人在保加利亚吃过粮，便到那支小小的远征军中，当着统领的面表演保加利亚兵操，身段、动作那么高雅、迅速、利落、威武、矫捷，统领看了，立即分拨一连步兵归他统率。他当了上尉，带着居内贡小姐、老婆子、两名当差和葡萄牙异教裁判所大法官的两匹安达鲁齐马，上了船。

航行途中，他们一再讨论可怜的邦葛罗斯的哲学。

“现在咱们要到另外一个世界去了；大概那个世界是十全十美的。因为老实说，我们这儿的物质生活和精神生活，的确有点儿可悲可叹。”居内贡道，“我真是一心一意地爱你，可是我所看到的、所经历的，使我还惊慌得很呢。”

“以后就好啦，”老实人回答，“这新世界的海洋已经比我们欧洲的好多了；浪更平静，风也更稳定。最好的世界一定是新大陆。”

居内贡说：“但愿如此！可是在我那世界上，我遭遇太惨了，几乎不敢再存什么希望。”

老婆子说：“你们都怨命，唉！你们还没受过我那样的灾难呢。”

---

① 南美之巴拉圭于十七世纪时为西班牙属国，西王腓列伯三世授权耶稣会教士统治，直至一七六七年此神权政治方始告终。

居内贡差点儿笑出来，觉得老婆子自称为比她更苦命，未免可笑；她道：“哎！我的老妈妈，除非你被两个保加利亚兵强奸，除非你肚子上挨过两刀，除非你有两座宫堡毁掉，除非人家当着你的面杀死了你两个父亲两个母亲，除非你有两个情人在功德会中挨打，我就不信你受的灾难会超过我的；还得补上一句：我是七十二代贵族之后，身为男爵的女儿，结果竟做了厨娘。”

“小姐，”老婆子回答，“你不知道我的出身；你要是看到我的屁股，就不会说这种话，也不会下这个断语了。”这两句话大大地引起了居内贡和老实人的好奇心。老婆子便说出下面一番话来。

第十一章　老婆子的身世

“我不是一向眼睛里长满红筋、眼圈这么赤红的；鼻子也不是一向碰到下巴的，我也不是一向当用人的。我是教皇厄尔彭十世和巴莱斯德利那公主生的女儿；十四岁以前住的王府，把你们日耳曼全体男爵的宫堡做它的马房还不配；威斯发里全省的豪华，还抵不上我一件衣衫。我越长越美，越风流，越多才多艺；我享尽快乐，受尽尊敬，前程远大。我很早就能挑动人家的爱情了。乳房慢慢地变得丰满，而且是何等样的乳房！又白，又结实，模样儿活像梅迭西斯的《维纳斯》[①]身上的。还有多美的眼睛！多美的眼皮！多美的黑眉毛！两颗眼珠射出来的火焰，像当地的诗人们说的，直盖过了天上的星光。替我更衣的女用人们，常常把我从前面看到后面，从后面看到前面，看得出神了，所有的男人都恨不得做她们的替工呢。

“我跟玛沙-加拉的王子订了婚。啊！一位多么体面的王子！长

① 希腊古雕塑中有许多维纳斯像，均系杰作。后人均以掘得该像之所在地，或获得该像之诸侯之名名之。梅迭西斯为文艺复兴期统治翡冷翠的大族。

得跟我一样美，说不尽的温柔、风雅，而且才华盖世，热情如火。我爱他的情分就像初恋一样，对他五体投地、如醉若狂。婚礼已经开始筹备了。场面的盛大是空前的；连日不断的庆祝会，骑兵大操，滑稽歌剧；全意大利争着写十四行诗来歌颂我，我还嫌没有一首像样的。

“我快要大喜的时候，一个做过王子情妇的老侯爵夫人，请他到家里去喝巧克力茶。不到两小时，他抽搐打滚，形状可怕，竟自死了。

“这还不算一回事。我母亲绝望之下——其实还不及我伤心——想暂时离开一下那个不祥之地。她在迦伊埃德附近有块极好的庄田。我们坐着一条本国的兵船，布置得金碧辉煌，好比罗马圣·比哀教堂的神龛。谁知海盗半路上来袭击，上了我们的船。我们的兵不愧为教皇的卫队，他们的抵抗是丢下枪械，跪倒在地，只求饶命。

“海盗立即把他们剥得精光，像猴子一般；我的母亲，我们的宫女，连我自己都在内。那些先生剥衣服手法的神速，真可佩服。但我还有更诧异的事呢：他们把手指放在我们身上的某个部分，那是女人平日只让医生安放套管的。这个仪式，我觉得很奇怪。一个人不出门就难免少见多怪。不久我知道，那是要瞧瞧我们有没有隐藏什么钻石。在往来海上的文明人中间，这风俗由来已久，从什么时代开始已经不可考了。我知道玛德会的武士们[①]俘获土耳其人的时候，不论男女，也从来不漏掉这个手续；这是没有人违反的一条公法。

---

① 玛德会又名耶路撒冷的圣·约翰会，为基督旧教中的一个宗派，纯属军事性质的教会团体；创于十一世纪，以地中海的玛德岛为根据地。

“一个年轻公主，跟着母亲被带往摩洛哥去当奴隶，那种悲惨也不必细说了。在海盗船上受的罪，你们不难想象。我母亲还非常好看；我们的宫女，连一个普通女仆的姿色，也是全非洲找不出来的。至于我，长得那么迷人，赛过天仙下凡，何况还是个处女。但我的童贞并没保持多久：我替俊美的王子保留的一朵花，给海盗船上的船长硬摘了去。他是一个奇丑无比的黑人，自以为大大抬举了我呢。不必说，巴莱斯德利那公主和我，身体都很壮健，因此受尽折磨，还能挨到摩洛哥。闲言少叙；这些事也太平常了，不值一提。

“我们到的时节，摩洛哥正是一片血海。摩莱·伊斯玛伊皇帝的五十个儿子各有党派；那就有了五十场内战；黑人打黑人，黑人打半黑人①，半黑人打半黑人，黑白混血种人打黑白混血种人。全个帝国变了一个日夜开工的屠宰场。

“才上岸，与我们的海盗为敌的一帮黑人，立刻过来抢他的战利品。最贵重的东西，除了钻石与黄金，就要算到我们了。我那时看到的厮杀，你们休想在欧洲地面上看到；这是水土关系。北方人没有那种热血，对女人的疯劲也不像在非洲那么普遍。欧洲人血管里仿佛羼着牛奶；阿特拉斯山②一带的居民，血管里有的是硫酸，有的是火。他们的厮杀就像当地的狮虎毒蛇一般猛烈，目的是要抢我们。一个摩尔人抓着我母亲的右臂，我船上的大副抓着她的左臂，一个摩尔兵拽着她的一条腿，我们的一个海盗拽着另外一条。全体妇女

① 半黑人指皮肤黝黑、近于紫铜色的人。

② 阿特拉斯为北非大山脉，主山在摩洛哥境内。

几乎同时都被四个兵扯着。船长把我藏在他身后，手里握着大弯刀；敢冒犯他虎威的，他都来一个杀一个。临了，所有的意大利妇女，连我母亲在内，全被那些你争我夺的魔王撕裂了，扯作几块。海盗、俘虏、兵、水手、黑人、半黑人、白人、黑白混血种人，还有我那船长，全都死了；我压在死人底下，只剩一口气。同样的场面出现在一千多里的土地上，可是穆罕默德规定的一天五次祈祷，他们从来没耽误。

“我费了好大气力，从多少鲜血淋漓的尸首下面爬出来，一步一步，挨到附近一条小溪旁边，一株大橘树底下：又惊又骇，又累又饿，不由得倒下去了。我疲倦已极，一忽儿就睡着；那与其说是休息，不如说是晕厥。正当我困惫昏迷、半死半活的时候，忽然觉得有件东西压在我身上乱动。睁开眼来，只见一个气色很好的白种人，叹着气，含含糊糊说出几个意大利字：多倒霉啊，一个人没有了……”

第十二章　老婆子遭难的下文

“我听到本国的语言惊喜交集，那句话也同样使我诧异。我回答他说，比他抱怨的更倒霉的事儿，多得很呢。我三言两语，说出我才经历的悲惨事儿，但我精神又不济了。他抱我到邻近一所屋子里，放在床上，给我吃东西，殷勤服侍，好言相慰，恭维我说，他从来没见过我这样的美人儿，他对自己那个无可补救的损失，也从来没有这样懊恼过。

“他道：‘我生在拿波里；地方上每年要阉割两三千儿童：有的割死了，有的嗓子变得比女人的还好听，又有的大起来治理国家大事[①]。我的手术非常成功，在巴莱斯德利那公主府上当教堂乐师。’

“我叫起来：‘那是我的母亲啊！’

“‘你的母亲！’他哭着嚷道，‘怎么！你就是我带领到六岁的小公主吗？你现在的才貌，那时已经看得出了。’

---

① 影射西班牙的加洛·勃罗斯几（一七〇五至一七八二），他被封为贵族，执掌朝政，煊赫一时。

“‘是我呀；我母亲就在离开这儿四百步的地方，被人剁了几块，压在一大堆死尸底下……’

“我告诉了他前前后后的遭遇；他也把他的经历告诉了我。某基督教强国派他来见摩洛哥王，商量一项条约，规定由某强国供给火药、大炮、船只，帮助摩洛哥王破坏别个基督教国家的商业。

“那太监说：‘我的使命已经完成，正要到葛太去搭船，可以带你回意大利。可是多倒霉啊，一个人没有……’

“我感动得流下泪来，向他千恩万谢。但他并不带我回意大利，而是带往阿尔泽，把我卖给当地的总督。我刚换了主人，蔓延欧、亚、非三洲的那场大瘟疫，就在阿尔泽发作了，来势可真不小。你们见过地震，可是，小姐，你可曾见过鼠疫？”

“没有。”男爵小姐回答。

老婆子又道：“要是见过，你们就会承认比地震可怕得多。鼠疫在非洲是常事；我也被传染了。你们想想吧：一个教皇的女儿，只有十五岁，短短三个月时间就变作赤贫，变作奴隶，几乎天天被强奸，眼看母亲的肢体四分五裂，自己又尝遍饥饿和战争的味道，在阿尔泽得了九死一生的鼠疫。可是我竟没有死。不过我那个太监和总督，以及总督的姬妾，都送了命。

“可怕的鼠疫第一阵袭击过了以后，总督的奴隶被一齐出卖。有个商人把我买下来，带往突尼斯，转卖给另一个商人；他带我上的黎波里，又把我卖了；从的黎波里卖到亚历山大，从亚历山大卖到斯麦那，从斯麦那卖到君士坦丁堡。最后我落入苏丹御林军一个军官手里，不久他奉派出去，帮阿左夫抵抗围困他们的俄罗斯人[①]。

“那军官是个多情种子，把全部姬妾都带着走，安置在阿左夫海口上一个小炮台里，拨两个黑人太监和二十名士兵保护。我们这边杀了无数俄罗斯人，俄罗斯人也照样回敬我们。阿左夫变成了一片火海血海，男女老幼无一幸免，只剩下我们的小炮台；敌人打算教我们活活饿死；可是二十名卫兵早就赌神发咒，决不投降。他们饿极了，没有办法，只得拿两名太监充饥，生怕违背他们发的愿。几天以后，他们决意吃妇女了。

“我们有个很虔诚很慈悲的回教祭司，对卫兵恳切动人地讲了一次道，劝他们别把我们完全杀死。他说：‘你们只消把这些太太们割下半个屁股，就可大快朵颐；倘若再有需要，过几天还有这么丰盛的一餐等着你们。你们这种大慈大悲的行为，足以上感苍天，得到救助的。’

“他滔滔雄辩，把卫兵说服了。我们便受了这个残酷的手术。祭司拿阉割的儿童用的药膏，替我们敷上。我们差不多全要死了。

“卫兵们刚吃完我们供应的筵席，俄罗斯人已经坐了平底船冲进来，把卫兵杀得一个不留。俄罗斯人对我们的情形不加理会。幸而世界上到处都有法国军医；其中有个本领挺高强的来救护我们，把我们治好了。我一辈子也不会忘记，我的伤疤完全结好的那天，他就向我吐露爱意。同时还劝我们大家别伤心；说好几次围城的战争都发

① 影射一六九五至一六九六年间的战事。伏尔泰当时正为其所著的《俄国史》搜集材料。

生同样的事，那是战争的定律。

“等到我的同伴们都能走路了，就被带往莫斯科。分派之下，我落在一个贵族手里；他叫我种园地，每天赏我二十鞭子。两年之后，宫廷中互相倾轧的结果，我那位爵爷和三十来个别的贵族，都被凌迟处死。我乘机逃走，穿过整个俄罗斯，做了多年酒店侍女，先是在里加，后来在罗斯托克、维斯玛、来比锡、卡塞尔、攸德累克德、来顿、海牙、罗忒达姆。贫穷和耻辱，磨得我人也老了；我只剩着半个屁股，永远忘不了是教皇之女；几百次想自杀，却始终丢不下人生。这个可笑的弱点，大概就是我们的致命伤：时时刻刻要扔掉的枷锁，偏偏要继续背下去；一面痛恨自己的生命，一面又死抓不放；把咬你的毒蛇搂在怀里抚摩，直到它吃掉你的心肝为止。这不是愚不可及是什么？

“在我命里要漂流过的地方上，在我当过侍女的酒店里，诅咒自己生命的人，我不知见过多少；但自愿结束苦命的，只见到十一个：三个黑人、四个英国人、四个日内瓦人，还有一个叫作罗贝克的德国教授。最后我在犹太人唐·伊萨加家当老妈子；他派我服侍你，美丽的小姐；我关切着你的命运，对你的遭遇比对我自己的还要操心。我永远不会提到自己的苦难，要不是你们把我激了一下，要不是船上无聊，照例得讲些故事消遣消遣。

“总而言之，小姐，我有过经验，见过世面；你不妨请每个乘客讲一讲他们的历史，借此解闷；只要有一个人不自怨其生，不常常自命为世界上最苦的人，你尽管把我倒提着摔下海去。”

第十三章　老实人怎样地不得不和居内贡与老婆子分离

美丽的居内贡听了老婆子的故事，便按照她的身份与品德，向她施礼。居内贡也听了老婆子的主意，邀请全体乘客挨着次序讲自己的身世。老实人和居内贡听着，承认老婆子有理。

老实人说："可惜葡萄牙的功德大会不照规矩，把大智大慧的邦葛罗斯吊死了；要不然他对于海陆两界的物质与精神的痛苦，准能发表一套妙论，而我也觉得颇有胆气，敢恭恭敬敬地向他提出几点异议。"

每个乘客讲着他的故事，不觉航行迅速，已经到了布韦诺斯·爱累斯[①]。居内贡、老实人上尉和老婆子，一同去见唐·斐南多总督，他有伊巴拉、腓加罗阿、玛斯卡林、朗波尔陶和索萨[②]五处封邑。那位大人拥有这么多头衔，自然有一副高傲的气概，配合他的身份。

① 今南美阿根廷的城市布宜诺斯艾利斯。——编者注。

② 伊巴拉等五个名字，乃一七五八年九月谋刺葡萄牙王凶犯之名，作者借作总督封邑之名。

他和人说话，用的是鄙夷不屑的态度，鼻子举得那么高，嗓子喊得那么响，口吻那么威严，神情那么傲慢，使晋见的人都恨不得揍他一顿。他好色若命，觉得居内贡是他生平第一次见到的美人儿，一开口便问她是不是上尉的老婆。老实人看了问话的神气吓了一跳：他既不敢说是老婆，因为她其实不是；又不敢说是姊妹，因为她其实也不是；虽则这一类的谎话在古人中很通行[①]，对今人也有很多方便，但老实人太纯洁了，不敢有半点儿隐瞒，便道："承蒙居内贡小姐不弃，已经答应下嫁小人，我们还要请大人屈尊，主持婚礼呢。"

唐·斐南多·特·伊巴拉翘起胡子，狞笑了一下，吩咐老实人去检阅部队。老实人只得遵命；总督留下居内贡小姐，向她表示热情，宣布第二天就和她成婚，不管在教堂里行礼还是用别的仪式，他太喜欢她的姿色了。居内贡要求宽限一刻钟，让她定定神，跟老婆子商量一下，而她自己也得打个主意。

老婆子对居内贡说："小姐，你没有一个小钱，空有七十二代的家谱；总督是南美洲最有权势的爵爷，长着一绺漂亮胡子；要做总督夫人只在你自己手里。莫非你还心高气傲，打算苦熬苦守，从一而终吗？你已经被保加利亚人强奸；一失身于犹太人，再失身于大法官。吃苦吃多了，也该尝尝甜头。换了我，决不三心二意，一定嫁给总督大人，一方面提拔老实人，帮他升官发财。"

老婆子正凭着年龄与经验，说着这番考虑周详的话，港口里却

① 此系隐指亚伯拉罕在基拉尔地方伪称妻子为妹的故事，详见《旧约·创世记》第二十章。

驶进一条小船，载着一个法官和几名差役。事情是这样的：

老婆子原没猜错，当初居内贡和老实人匆匆忙忙逃走，在巴大育镇上失落的珠宝的确是一个宽袍大袖的芳济会神父偷的。他想把一部分宝石卖给一个珠宝商，珠宝商识破是大法官的东西。神父被吊死以前，供认珠宝是偷来的，说出失主的面貌行踪。官方发觉了居内贡和老实人逃亡的路线，一直追踪到加第士，到了加第士，立即派一条船跟着来。那船已经进入布韦诺斯·爱累斯港，外面纷纷传说，有个法官就要上岸，缉捕谋杀大主教的凶手。

机灵的老婆子当下心生一计，对居内贡说道："你不能逃，也不用怕，杀大主教的不是你；何况总督喜欢你，决不让人家得罪你的，你尽管留在这儿。"

她又赶去找老实人，说道："快快逃吧；要不然一小时之内，你就得上火刑台。"

事情果然紧急，一刻都耽误不得；可是老实人怎么舍得下居内贡呢？又投奔哪儿去呢？

第十四章　老实人与加刚菩在巴拉圭的耶稣会士中受到怎样的招待[①]

老实人曾经在加第士雇了一个人当差。在西班牙沿海和殖民地，那种人是很多的。他名叫加刚菩，四分之一是西班牙血统，父亲是图库曼[②]地方的一个混血种。他当过助祭童子、圣器执事、水手、修士、乐器工匠、大兵、跟班。加刚菩非常喜欢他的东家，因为东家待人宽厚。当下他抢着把两匹安达鲁齐马披挂停当，说道："喂，大爷，咱们还是听老婆子的话，三十六着走为上。"

老实人掉着泪说："噢！我亲爱的居内贡！总督大人正要替我们主婚了，我倒反而把你扔下来吗？路远迢迢地来到这里，你如今怎么办呢？"

加刚菩道："由她去吧，女人家自有本领，她有上帝保佑；咱们

① 伏尔泰曾为其所著《风俗论》（一七五八年）搜集有关巴拉圭耶稣会士的材料；一七五四至一七五八年间，作者又将此项题材写成重要文字多篇。本章所述，伏尔泰大抵皆有考据。

② 图库曼为今阿根廷的一个省份。

快走吧。”

“你把我带往哪儿呢？咱们上哪里去呢？没有了居内贡，咱们如何是好呢？”

“哎，”加刚菩回答，“你原本是要去攻打耶稣会士的，现在不妨倒过来，去替他们出力。我认得路，可以送你到他们国内；他们手下能有个会保加利亚兵操的上尉，要不高兴才怪！你将来一定飞黄腾达。这边不得意，就上那边去。何况广广眼界，干点儿新鲜事也怪有趣的。”

老实人问：“难道你在巴拉圭耽过吗？”

加刚菩道：“怎么没耽过？我在阿松西翁学院做过校役，我对于耶稣会政府，跟加第士的街道一样熟。那政府真是了不起。国土纵横千余里，划作三十行省。神父们无所不有，老百姓一无所有；那才是理智与正义的杰作。以我个人来说，我从来没见过像那些神父一样圣明的人，他们在这里跟西班牙王、葡萄牙王作战，在欧洲听西班牙王葡萄牙王的忏悔；在这里他们见到西班牙人就杀，在玛德里把西班牙人送上天堂；我觉得有意思极了；咱们快快赶路吧。包你此去成为世界上第一个有福的人。神父们知道有个会保加利亚兵操的上尉投奔，不知要怎样快活哩！”

到了第一道关塞，加刚菩告诉哨兵，说有个上尉求见司令。哨兵把话传到守卫本部，守卫本部的一个军官亲自去报告司令。老实人和加刚菩的武器先被缴掉，两匹安达鲁齐马也被扣下。两个陌生人从两行卫兵中间走过去，行列尽头便是司令：他头戴三角帽，撩起着长袍，腰里挂着剑，手里拿着短枪。他做了一个手势，二十四个兵立刻把两个生客团团围住。一个班长过来传话，要他们等着，司令不能接见，因为省长神父不在的时节，不许任何西班牙人开口，也不许他们在本地逗留三小时以上。

加刚菩问："那么省长神父在哪儿呢？"

班长答道："他做了弥撒，阅兵去了；要过三个钟点，你们才能亲吻他的靴尖。"

"可是，"加刚菩说，"敝上尉是德国人，不是西班牙人。他和我一样饥肠辘辘；省长神父没到以前，能不能让我们吃顿早饭？"

班长立即把这番话报告司令。

司令说："感谢上帝！既然是德国人，我就可以跟他说话了。带他到我帐下来。"

老实人便进入一间树荫底下的办公厅，四周是绿的云石和黄金砌成的列柱，十分华丽；笼内养着鹦鹉、蜂雀、小纹鸟和各种珍异的飞禽。黄金的食器盛着精美的早点；巴拉圭土人正捧着木盅在大太阳底下吃玉蜀黍，司令官却进了办公厅。

司令少年英俊，脸颊丰满，白皮肤，好血色，眉毛吊得老高，眼睛极精神，耳朵绯红，嘴唇红里带紫，眉宇之间有股威武的气概，但不是西班牙人的，也不是耶稣会士的那种威武。老实人和加刚菩的兵器马匹都发还了；加刚菩把牲口拴在办公厅附近，给它们吃燕麦，时时刻刻瞟上一眼，以防万一。

老实人先亲吻了司令的衣角，然后一同入席。

耶稣会士用德文说道：“你原来是德国人？”

老实人回答：“是的，神父。”

两人这么说着，都不由自主地觉得很惊奇，很激动。

耶稣会士又问：“你是德国哪个地方的？”

“敝乡是该死的威斯发里省。我的出生地是森特-登-脱龙克宫堡。”

“噢，天！怎么可能呢？”那司令嚷着。

老实人也叫道：“啊！这不是奇迹吗？”

司令问：“难道竟是你吗？”

老实人道：“这真是哪里说起！”

两人往后仰了一跤，随即互相拥抱，眼泪像小溪一般直流。

“怎么，神父，你就是美人居内贡的哥哥吗？就是被保加利亚人杀死的，就是男爵大人的儿子吗？怎么又在巴拉圭做了耶稣会神父？这世界真是太离奇了。噢，邦葛罗斯！邦葛罗斯！你要不是吊死的话，又该怎么高兴啊！”

几个黑奴和巴拉圭人端着水晶盂在旁斟酒，司令教他们回避了。他对上帝和圣·伊涅斯[①]千恩万谢，把老实人搂在怀里；两人哭作一团。

老实人道：“再告诉你一件事，你还要诧异，还要感动，还要莫名其妙哩。你以为令妹居内贡被人戳破肚子，送了性命；其实她还在

---

① 圣·伊涅斯（一四九一至一五五六），又名圣·伊涅斯·特·雷育拉，为耶稣会的创办人。

人世，健康得很呢。”

“在哪里？”

“就在近边，在布韦诺斯·爱累斯的总督府上；我是特意来帮你们打仗的。”

他们那次长谈，每句话都是奇闻。两人的心都跳上了舌尖，滚到了耳边，在眼内发光。因为是德国人，他们的饭老吃不完；一边吃一边等省长神父回来。司令官又对老实人讲了下面一番话。

第十五章　老实人怎样杀死他亲爱的居内贡的哥哥

“我一世也忘不了那悲惨的日子，看着父母被杀，妹妹被强奸。等到保加利亚人走了，大家找来找去，找不到我心爱的妹子。七八里以外，有一个耶稣会的小教堂：父亲、母亲、我、两个女用人和三个被杀的男孩子，都给装上一辆小车，送往那儿埋葬。一位神父替我们洒圣水，圣水咸得要命，有几滴洒进了我的眼睛；神父瞧见我眼皮眨了一下，便摸摸我的心，觉得还在跳，就把我救了去。三个星期以后，我痊愈了。亲爱的老实人，你知道我本来长得挺好看，那时出落得越发风流倜傥；所以那修院的院长，克罗斯德神父，对我友谊深厚，给我穿上候补修士的法衣；过了一晌又送我上罗马。总会会长正在招一批年轻的德国耶稣会士。巴拉圭的执政不欢迎西班牙的耶稣会士，喜欢用外国籍教士，觉得容易管理。总会会长认为我宜于到那方面去传布福音。所以我们出发了，一共是三个人，一个波兰人，一个提罗尔人，一个就是我。一到这儿，我就荣任少尉和助理祭司之职；现在已经升了中校，做了神父。我们对待西班牙王上的军队毫不客气；我向你担保，他们早晚要被驱逐出教，被我们打败的。你是上帝派来帮助我们的。告诉我，我的妹子可是真的在近边，在布韦诺斯·爱累斯总督那儿？”

老实人赌神发咒，回答说那是千真万确的事。于是两人又流了许多眼泪。

男爵再三再四地拥抱老实人，把他叫作兄弟，叫作恩人。他说：“啊，亲爱的老实人，说不定咱们俩将来打了胜仗，可以一同进城去救出我的妹子来。”

老实人回答：“这正是我的心愿；我早打算娶她的，至今还抱着这个希望。”

“怎么！浑蛋！”男爵抢着说，“我妹妹是七十二代贵族之后，你好大胆子，竟想娶她？亏你有这个脸，敢在我面前说出这样狂妄的主意！”

老实人听了这话呆了一呆，答道：“神父，家谱有什么用？我把你妹妹从一个犹太人和一个大法官怀中救出来，她很感激我，愿意嫁给我。老师邦葛罗斯常说的，世界上人人平等；我将来非娶她不可。”

“咱们走着瞧吧，流氓！”那森特-登-脱龙克男爵兼耶稣会教士一边说，一边拿剑背往老实人脸上狠狠地抽了一下。

老实人马上拔出剑来，整个儿插进男爵神父的肚子；等到把剑热腾腾地抽出来，老实人却哭着嚷着：“哎哟！我的上帝！我杀了我的旧主人，我的朋友，我的舅子了；我是天底下最好的好人，却已经犯了三条人命，内中两个还是教士！”

在办公厅门口望风的加刚菩立刻赶进来。

主人对他道:“现在只有跟他们拼命了，多拼一个好一个。他们一定要进来的，咱们杀到底吧。”

加刚菩事情见得多，镇静非凡；他剥下男爵的法衣穿在老实人身上，把死人头上的三角帽也给他戴了，扶他上马。这些事，一眨眼之间就安排停当了。

“大爷，快走吧；他们会当你是神父出去发布命令；即使追上来，咱们也早过了边境了。”

说话之间，加刚菩已经长驱而出，嘴里用西班牙文叫着:“闪开！闪开！中校神父来啦！”

第十六章　两个旅客遇到两个姑娘、两只猴子和叫作大耳朵的野蛮人

老实人和他的当差出了关塞，那边营里还没人知道德国神父的死。细心的加刚菩办事周到，把行囊装满了面包、巧克力、火腿、水果，还有几升酒。他们骑着两匹安达鲁齐马，进入连路都没有的陌生地方。后来发现一片青葱的草原，中间夹着几条小溪。两位旅客先让牲口在草地上大嚼一顿。加刚菩向主人提议吃东西，他自己以身作则，先吃起来了。

老实人说道："我杀了男爵大人的儿子，又一世见不到美人儿居内贡，教我怎么吃得下火腿呢？和她离得这么远，又是悔恨，又是绝望，这样悲惨的日子，过下去还有什么意思？德雷甫的《见闻录》[①]又要怎样说我呢？"

他这么说着照旧吃个不停。太阳下山了。两位迷路的人听见几声轻微的呼叫，好像是女人的声音。他们辨不出是痛苦的叫喊，还是快

① 十八世纪时，耶稣会于法国索纳州德雷甫城办一刊物，名《见闻录》，抨击当时反宗教的哲学思想。

乐的叫喊。一个人在陌生地方不免提心吊胆；他们俩便急忙站起。叫喊的原来是两个赤身露体的姑娘，在草原上奔跑，身子非常轻灵；两只猴子紧跟在后面，咬她们的屁股。老实人看了大为不忍。他在保加利亚军中学会了放枪，能够在树林中打下一颗榛子，决不碰到两旁的叶子。他便拿起他的西班牙双膛枪，一连两响，把两只猴子打死了，说道：“亲爱的加刚菩，我真要感谢上帝，居然救了两个可怜的姑娘的命。杀掉一个大法官和一个耶稣会士，固然罪孽不轻；这一来也可以将功赎罪了。或许她们是大人家的女儿，可能使我们在本地得到不少方便呢。”

他还想往下说，不料两个姑娘不胜怜爱地抱着两只猴子，放声大恸，四下里只听见一片凄惨的哭声。老实人顿时张口结舌，愣住了。

终于他对加刚菩道：“想不到有这样好心肠的人。”

加刚菩答道：“大爷，你做的好事；你把这两位小姐的情人打死了。”

“她们的情人！怎么可能？加刚菩，你这是说笑话吧？教我怎么能相信呢？”

加刚菩回答说：“大爷，你老是这个脾气，对什么事都大惊小怪。有些地方，猴子会博得女人欢心，有什么稀奇！它们也是四分之一的人，正如我是四分之一的西班牙人。”

老实人接着道：“不错，老师邦葛罗斯讲过，这一类的事从前就有，杂交的结果，生下那些半羊半人的怪物；古时几位名人还亲眼见过，但我一向以为是无稽之谈。”

加刚菩道：“现在你该相信了吧！你瞧，没有教育的人会做出什么事来。我只怕这两个女的捣乱，暗算我们。”

这番中肯的议论使老实人离开草原，躲到一个树林里去。他和加刚菩吃了晚饭；两人把葡萄牙异教裁判所的大法官，布韦诺斯·爱累斯的总督，森特-登-脱龙克男爵，咒骂了一顿，躺在藓苔上睡着了。一早醒来，他们觉得动弹不得了；原来当地的居民大耳人[①]，听了两个女子的密告，夜里跑来用树皮把他们捆绑了。周围有五十来个大耳人，拿着箭、棍、石斧之类；有的烧着一大锅水；有的在端整烤炙用的铁串；他们一齐喊着："捉到了一个耶稣会士！捉到了一个耶稣会士！我们好报仇了，我们有好东西吃了；大家来吃耶稣会士呀，大家来吃耶稣会士呀！"

加刚菩愁眉苦脸，嚷道："亲爱的大爷，我不是早告诉你吗？那两个女的要算计我们的。"

老实人瞧见锅子和铁串，叫道："我们不是被烧烤，就得被白煮。啊！要是邦葛罗斯看到人的本性如此这般，不知又有什么话说！一切皆善！好，就算一切皆善，可是我不能不认为，失去了居内贡小姐，又被大耳人活烤，总是太残忍了。"

加刚菩老是不慌不忙，对发愁的老实人道："我懂得一些他们的土话，让我来跟他们说吧。"

老实人道："千万告诉他们，吃人是多么不人道，而且不大合乎基督的道理。"

加刚菩开言道："诸位，你们今天打算吃一个耶稣会士，是不是？

① 此系印第安族的一支，戴大木耳环，故被称为大耳人。

好极了，对付敌人理当如此。天赋的权利就是教我们杀害同胞，全世界的人都是这么办的。我们没有运用吃人的权利，只因为我们有旁的好菜可吃；但你们不像我们有办法。把胜利的果实扔给乌鸦享受，当然不如自己把敌人吃下肚去。可是诸位，你们决不吃你们的朋友的。你们以为要烧烤的是一个耶稣会士，其实他是保护你们的人，你们要吃的是你们敌人的敌人。至于我，我是生在你们这里的；这位先生是我的东家，非但不是耶稣会士，还杀了一个耶稣会士，他穿的便是从死人身上剥下来的衣服，所以引起了你们的误会。为了证明我的话，你们不妨拿他穿的袍子送往神父们的边境，打听一下我的主人是不是杀了一个耶稣会军官。那要不了多少时间；倘若我是扯谎，你们照旧可以吃我们。但要是我并无虚言，那么你们对于公法、风俗、法律的原则，认识太清楚了，我想你们决不会不饶赦我们的。”

大耳人觉得这话入情入理，派了两位有声望的人士做代表，立即出发去调查真假；两位代表多才多智，不辱使命，很快就回来报告好消息。大耳人解了两个俘虏的缚，对他们礼貌周到，供给他们冷饮、妇女，把他们送出国境，欢呼道：“他们不是耶稣会士！他们不是耶稣会士！”

老实人对于被释放的事赞不绝口。他道：“嗬！了不起的民族！了不起的人！了不起的风俗！我幸而把居内贡小姐的哥哥一剑刺死，要不然决无侥幸，一定给吃掉的了。可是，话得说回来，人的本性毕竟是善的，这些人非但不吃我，一知道我不是耶稣会士，还把我奉承得无微不至。”

第十七章　老实人和他的随从怎样到了黄金国，见到些什么[1]

到了大耳人的边境，加刚菩和老实人说："东半球并不胜过西半球，听我的话，咱们还是抄一条最近的路回欧洲去吧。"

"怎么回去呢？"老实人道，"又回哪儿去呢？回到我本乡吧，保加利亚人和阿伐尔人正在那里见一个杀一个；回葡萄牙吧，要给人活活烧死；留在这儿吧，随时都有被烧烤的危险。可是居内贡小姐住在地球的这一边，我怎有心肠离开呢？"

加刚菩道："还是往开颜[2]那方面走。那儿可以遇到法国人，世界上到处都有他们的踪迹；他们会帮助我们，说不定上帝也会哀怜我们。"

---

① 相传南美洲有一遍地黄金的国土，叫作黄金国，位于亚马逊河及俄利诺科河之间，居屋皆以白银为顶，国王遍体皆饰黄金。自马可·波罗以来即有此传说，哥伦布及以后之西班牙、葡萄牙殖民冒险家，均曾寻访。十八世纪后期，一般人对此神奇的国土犹抱幻想。伏尔泰本章所述，均采自各旅行家之游记，其中事实与幻想，杂然并列。

② 开颜为南美洲东北角上一小岛，属法国。

到开颜去可不容易：他们知道大概的方向；可是山岭、河流、悬崖绝壁、强盗、野蛮人，遍地都是凶险的关口。他们的马走得筋疲力尽，死了；干粮吃完了；整整一个月全靠野果充饥；后来到了一条小河旁边，两旁长满椰子树，这才把他们的性命和希望支持了一下。

加刚菩出计划策的本领一向不亚于老婆子；他对老实人道："咱们撑不下去了，两条腿也走得够了；我瞧见河边有一条小船，不如把它装满椰子，坐在里面顺流而去；既有河道，早晚必有人烟。便是遇不到愉快的事，至少也能看到些新鲜事儿。"

老实人道："好，但愿上帝保佑我们。"

他们在河中漂流了十余里，两岸忽而野花遍地，忽而荒瘠不毛；忽而平坦开朗，忽而危崖高耸。河道越来越阔，终于进入一个险峻可怖、岩石参天的环洞底下。两人大着胆子，让小艇往洞中驶去。河身忽然狭小，水势的湍急与轰轰的巨响令人心惊胆战。过了一昼夜，他们重见天日；可是小艇触着暗礁，撞坏了，只得在岩石上爬，直爬了三四里地。最后，两人看到一片平原，极目无际，四周都是崇山峻岭，高不可攀。土地的种植，是生计与美观同时兼顾的；没有一样实用的东西不是赏心悦目的。车辆赛过大路上的装饰品，式样新奇，构造的材料也灿烂夺目；车中男女都长得异样的俊美；驾车的是一些高大的红绵羊，奔驰迅速，便是安达鲁齐、泰图安、美基内斯的第一等骏马，也望尘莫及。

老实人道："啊，这地方可胜过威斯发里了。"

他和加刚菩遇到第一个村子就下了地。几个村童，穿着稀烂的金银铺绣衣服，在村口玩着丢石片的游戏。从另一世界来的两位旅客，一时高兴，对他们瞧了一会儿：他们玩的石片又大又圆，光芒四射，颜色有黄的，有红的，有绿的。两位旅客心中一动，随手捡了几块，原来是黄金，是碧玉，是红宝石，最小的一块也够蒙古大皇帝做他宝座上最辉煌的装饰。

加刚菩道："这些孩子大概是本地国王的儿女，在这里丢着石块玩儿。"

村塾的老师恰好出来唤儿童上学。

老实人道："啊，这一定是内廷教师了。"

那些顽童马上停止游戏，把石片和别的玩具一齐留在地下。老实人赶紧捡起，奔到教师前面，恭恭敬敬地捧给他，用手势说明，王子和世子们忘了他们的金子与宝石。塾师微微一笑，接过来扔在地下，很诧异地对老实人的脸瞧了一会儿，径自走了。

两位旅客少不得把黄金、碧玉、宝石捡了许多。

老实人叫道："这是什么地方呀？这些王子受的教育太好了，居然会瞧不起黄金宝石。"

加刚菩也和老实人一样惊奇。他们走到村中第一家人家，建筑仿佛欧洲的宫殿。一大群人都向门口拥去，屋内更挤得厉害，还传出悠扬悦耳的音乐，一阵阵珍馐美馔的异香。加刚菩走近大门，听讲着秘鲁话；那是他家乡的语言；早先交代过，加刚菩是生在图库曼的，他的村子里只通秘鲁话。他便对老实人说："我来替你当翻译；咱们进去吧，这是一家酒店。"

店里的侍者，两男两女，穿着金线织的衣服，用缎带束着头发，邀他们入席。先端来四盘汤，每盘汤都有两只鹦鹉；接着是一盘白煮神鹰，直有两百磅重，然后是两只香美异常的烤猴子；一个盘里盛着三百只蜂雀；另外一盘盛着六百只小雀；还有几道烧烤，几道精美的甜菜；食器全部是水晶盘子。男女侍者来斟了好几种不同的甘蔗酒。

食客大半是商人和赶车的，全都彬彬有礼，非常婉转地向加刚菩问了几句，又竭诚回答加刚菩的问话，务必使他满意。

吃过饭，加刚菩和老实人一样，以为把捡来的大块黄金丢几枚在桌上，是尽够付账的了。不料铺子的男女主人见了哈哈大笑，半天直不起腰来。

后来他们止住了笑。店主人开言道："你们两位明明是外乡人；我们却是难得见到的。抱歉得很，你们拿大路上的石子付账，我们见了不由得笑起来。想必你们没有敝国的钱，可是在这儿吃饭不用惠钞。为了便利客商，我们开了许多饭店，一律归政府开支。敝处是个小村子，地方上穷，没有好菜敬客；可是别的地方，无论上哪儿你们都能受到应有的款待。"

加刚菩把主人的话统统解释给老实人听，老实人听的时候，和加刚菩讲的时候同样的钦佩、惊奇。

两人都说："外边都不知道有这个地方；究竟是什么国土呢？这儿的天地跟我们的完全不同！这大概是尽善尽美的乐土了，因为无论如何，世界上至少应该有这样一块地方。不管邦葛罗斯怎么说，我总觉得威斯发里样样不行。"

第十八章　他们在黄金国内的见闻

加刚菩把心中的惊异告诉店主人，店主人回答说：“我无知无识，倒也觉得很快活；可是这儿有位告老的大臣，是敝国数一数二的学者，最喜欢与人交谈。”

说完带着加刚菩去见老人。那时老实人退为配角，只能陪陪他的当差了。他们进入一所顶朴素的屋子，因为大门只是银的，屋内的护壁只是金的，但镂刻的古雅，比着最华丽的护壁也未必逊色。固然，穿堂仅仅嵌着红宝石与碧玉，但镶嵌的式样补救了质料的简陋。

老人坐在一张蜂鸟毛垫子的沙发上，接见两位来宾，叫人端酒敬客，酒瓶是钻石雕的。接着他说了下面一席话，满足他们的好奇心：

“我今年一百七十二岁；先父做过王上的洗马，亲眼见到秘鲁那次惊人的革命，把情形告诉了我。我们现在的国土原是古印加族疆域的一部分，印加族当初冒冒失失地出去扩张版图，结果却亡于西班牙人之手。

“留在国内的王族比较明哲；他们征得老百姓的同意，下令任何居民不得越出我们小小的国境，这才保证了我们的纯洁和快乐。西班牙人对这个地方略有所知，不得其详；他们把它叫作黄金国。还有一个叫作拉莱爵士的英国人，一百年前差不多到了这儿附近；幸亏我们四面都是高不可攀的峻岭和峭壁，所以至今没有遭到欧洲各民族的馋吻；他们酷爱我们的石块和泥巴，爱得发疯一般，为了抢那些东西，可能把我们杀得一个不留的。”

他们谈了很久，谈到政体、风俗、妇女、公共娱乐、艺术。素好谈玄说理的老实人，要加刚菩探问国内有没有宗教。

老人红了红脸，说道：“怎么你们会有这个疑问呢？莫非以为我们是无情无义的人吗？”

加刚菩恭恭敬敬请问黄金国的宗教是哪一种。老人又红了红脸，答道：“难道世界上还有两个宗教不成？我相信我们的宗教是跟大家一样的；我们从早到晚敬爱上帝。”

加刚菩始终替老实人当着翻译，说出他心中的疑问：“你们只崇拜一个上帝吗？”

老人道：“上帝总不见得有两个、三个、四个吧？我觉得你们世界上的人问的问题怪得很。”

老实人絮絮不休，向老人问长问短；他要知道黄金国的人怎样祈祷上帝的。那慈祥可敬的哲人回答说：“我们从来不祈祷，因为对他一无所求，我们所需要的，他全给了我们了；我们只是不断地感谢他。”

老实人很希望看看他们的教士，问他们在哪儿。老人微微一笑，说道："告诉两位，我们国内人人都是教士，每天早上，王上和全国人民的家长都唱着感谢神恩的赞美诗，庄严肃穆，由五六千名乐师担任伴奏。"

"怎么！你们没有修士专管传教、争辩、统治、弄权窃柄、把意见不同的人活活烧死吗？"

老人道："那我们不是发疯了吗？我们这儿大家都意见一致，你说的你们那些修士的勾当，我完全莫名其妙。"

老实人听着这些话出神了，心上想："那跟威斯发里和男爵的宫堡完全不同；倘若邦葛罗斯见到了黄金国，就不会再说森特-登-脱龙克宫堡是世界上的乐土了；可见一个人非游历不可。"

长谈过后，慈祥的老人吩咐套起一辆六羊驾驶的四轮轿车，派十二名仆役送两位旅客进宫。他说："抱歉得很，我年纪大了，不能奉陪。但王上接见两位的态度，决不至于得罪两位；敝国倘有什么风俗习惯使两位不快，想必你们都能原谅的。"

老实人和加刚菩上了轿车，六头绵羊像飞一样，不消四个钟点，已经到达京城一端的王宫前面。宫门高二十二丈，宽十丈；说不出是什么材料造的。可是不难看出，那材料比我们称为黄金珠宝的石子沙土，不知要贵重多少倍。

老实人和加刚菩一下车，就有二十名担任御前警卫的美女迎接，带他们去沐浴，换上蜂鸟毛织成的袍子；然后另有男女大臣引他们进入内殿，按照常例，两旁各站着一千名乐师。走近御座所在的便殿，加刚菩问一位大臣，觐见王上该用何种敬礼："应当双膝下跪，还是全身伏在地下？应当把手按在额上，还是按着屁股？或者用舌头舐地下的尘土？总而言之，究竟是怎样的仪式？”

大臣回答：“惯例是拥抱王上，亲吻他的两颊。”

老实人和加刚菩便扑上去勾着王上的脖子，王上对他们优礼有加，很客气地请他们晚间赴宴。

宴会之前，有人陪他们去参观京城，看那些高入云表的公共建筑、千百列柱围绕的广场、日夜长流的喷泉：有的喷射清澈无比的泉水，有的喷射蔷薇的香水，有的喷射甘蔗酒；规模宏大的广场，地下铺着一种宝石，散出近乎丁香与肉桂的香味。老实人要求参观法院和大理院；据说根本没有这些机关，从来没有人打官司。老实人问有没有监狱，人家也回答说没有。但他看了最惊异最高兴的是那个科学馆，其中一个走廊长两百丈，摆满了数学和物理仪器。

整个下午在京城里逛了大约千分之一的地方，他们回到王宫。席上老实人坐在国王、加刚菩和几位太太之间。他们从来没有享受过更美的筵席，国王在饭桌上谈笑风生的雅兴，也从来没有人能相比。加刚菩把陛下的妙语一一解释给老实人听，虽然经过了翻译，还照样趣味盎然。这一点和旁的事情一样使老实人惊异赞叹。

两人在此宾馆中住了一个月。老实人再三和加刚菩说：“朋友，我生长的宫堡固然比不上这个地方；可是，究竟居内贡不在此地；或许你也有个把情人在欧洲。住在这里，我们不过是普通人，不如回到我们的世界中去，单凭十二头满载黄金国石子的绵羊，我们的财富就能盖过普天之下的国王，也不必再害怕异教裁判所，而要接回居内贡小姐也易如反掌了。”

这些话正合加刚菩的心意：人多么喜欢奔波，对自己人炫耀，卖弄游历的见闻，所以两个享福的人决意不再享福，去向国王要求离境。

国王答道：“你们这是发傻了。敝国固是蕞尔小邦，不足挂齿，但我们能苟安的地方，就不应当离开。我自然无权羁留外客；那种专制手段不在我们的风俗与法律之内；每个人都是自由的；你们随时可以动身，但出境不是件容易的事。你们能从岩洞底下的河里进来，原是奇迹，不可能再从原路出去。环绕敝国的山岭高逾千仞，陡若城墙，每座山峰宽三四十里，除了悬崖之外，别无他路可下。你们既然执意要走，让我吩咐机械司造一架机器，务必很方便地把你们运送出去。一朝到了山背后，可没有人能奉陪了；我的百姓发誓不出国境，他们不会那么糊涂，违反自己发的愿的。现在你们喜欢什么东西，尽管向我要吧。”

加刚菩说：“我们只求陛下赏几头绵羊，驮些干粮、石子和泥巴。”

国王笑道：“你们欧洲人这样喜欢我们的黄土，我简直弄不明白；好吧，你们爱带多少就带多少，但愿你们因此得福。”

国王随即下令，要工程师造一架机器把两个怪人举到山顶上，送他们出境。三千名优秀的物理学家参加工作；半个月以后，机器造好了，照当地的钱计算，只花了两千多万镑。老实人和加刚菩坐在机器上，带着两头鞍辔俱全的大红绵羊，给他们翻过山岭以后代步的；二十头载货的绵羊驮着干粮；三十头驮着礼品，都是当地最稀罕的宝物；五十头驮着黄金、钻石、宝石。国王很亲热地拥抱了两个流浪汉。

他们动身了，连人带羊举到山顶上的那种巧妙方法确是奇观。工程师们送他们到了安全地方，便和他们告别。此时老实人心中只有一个愿望，一个目的，就是把羊群献给居内贡小姐。他说："倘若人家肯把居内贡小姐标价，我们的财力尽够向布韦诺斯·爱累斯总督纳款了。咱们上开颜去搭船，再瞧瞧有什么王国可以买下来。"

第十九章　他们在苏利南的遭遇，老实人与玛丁的相识

路上第一天过得还愉快。想到自己的财富比欧、亚、非三洲的总数还要多，两人不由得兴致十足。老实人兴奋之下，到处把居内贡的名字刻在树上。第二天，两头羊连着货物陷入沼泽；过了几日，另外两头不堪劳顿，倒毙了；接着又有七八头在沙漠中饿死；几天之后，又有些堕入深谷。走了一百天，只剩下两头羊。

老实人对加刚菩道："你瞧，尘世的财富多么脆弱；只有德行和重见居内贡小姐的快乐才可靠。"

加刚菩答道："对。可是我们还剩下两头羊，西班牙王一辈子也休想有它们身上的那些宝物。我远远地看到一个市镇，大概就是荷兰属的苏利南。好啦，咱们苦尽甘来了。"

靠近市镇，他们瞧见地下躺着一个黑人，衣服只剩一半，就是说只穿一条蓝布短裤：那可怜虫少了一条左腿，缺了一只右手。

老实人用荷兰话问他："唉，天哪！你这个样子好不凄惨，待在这儿干什么呢？"

黑人回答:“我等着我的东家，大商人范特登杜[1]先生。”

老实人说:“可是范特登杜先生这样对待你的？”

“是的，先生；这是老例章程。他们每年给我们两条蓝布短裤，算是全部衣着。我们在糖厂里给磨子碾去一个手指，他们就砍掉我们的手；要是想逃，就割下一条腿：这两桩我都碰上了。我们付了这代价，你们欧洲人才有糖吃。可是母亲在几尼亚海边得了十块钱把我卖掉的时节，和我说:‘亲爱的孩子，你得感谢我们的神道，永远向他们礼拜，他们会降福于你；你好大面子，当上咱们白大人的奴隶；你爹妈也靠着你发迹了。’

“唉！我不知他们有没有靠着我发迹。反正我没有托他们的福。狗啊，猴子啊，鹦鹉啊，都不像我们这么苦命。人家教我改信荷兰神道，每星期日告诉我们，说我们不分黑白，全是亚当的孩子。我不懂家谱；但布道师说得不错，我们都是嫡堂兄弟。可是你得承认，对待本家不能比他们更辣手了。”

“噢，邦葛罗斯！”老实人嚷道，“你可没想到这种惨无人道的事。得啦得啦，我不再相信你的乐天主义了。”

“什么叫作乐天主义？”加刚菩问。

“唉！就是吃苦的时候一口咬定百事顺利。”

老实人瞧着黑人，掉下泪来。他一边哭一边进了苏利南。

他们第一先打听，港内可有船把他们载往布韦诺斯·爱累斯。

① 据专家考证，此名影射范·杜仑（Van Düren）；范为荷兰出版商，伏尔泰谓其在版税上舞弊，损害伏尔泰权益。

问到的正是一个西班牙船主，答应跟他们公平交易，约在一家酒店里谈判。老实人和加刚菩便带着两头羊上那边去等。

老实人心直口快，把经过情形向西班牙人和盘托出，连要抢走居内贡小姐的计划也实说了。

船主回答："我才不送你们上布韦诺斯·爱累斯去呢；我要被吊死，你们俩也免不了。美人居内贡如今是总督大人最得宠的外室。"

老实人听了好比晴天霹雳，哭了半日，终于把加刚菩拉过一边，说道："好朋友，还是这么办吧：咱们每人口袋里都有价值五六百万的钻石；你比我精明；你上布韦诺斯·爱累斯去接居内贡小姐。要是总督作难，给他一百万；再不肯，给他两百万。你没杀过主教，他们不会防你的。我另外包一条船，上佛尼市等你；那是个自由地方，不用怕保加利亚人，也不用怕阿伐尔人，也不必担心犹太人和异教裁判所。"

加刚菩一听这妙计，拍手叫好；但要跟好东家分手，不由得悲从中来，因为他们俩已经成为知心朋友了。幸而他还能替主人出力，加刚菩想到这一点，就转悲为喜，忘了分离的痛苦。两人抱头大哭了一场；老实人又吩咐他别忘了那老妈子。加刚菩当日就动身。他可真是个好人哪。

老实人在苏利南又住了一晌，希望另外有个船主，肯把他和那硕果仅存的两头绵羊载往意大利。他雇了几个用人，把长途航行所需要的杂物也办齐了。终于有一天，一条大帆船的主人，范特登杜先生，来找他了。

老实人道："你要多少钱，才肯把我、我的下人、行李还有两头绵羊，一径载往佛尼市？"

船主讨价一万银洋。老实人一口答应了。

机灵的范特登杜在背后说："噢！噢！这外国人一出手就是一万！准是个大富翁。"过了一会便回去声明，少了两万不能开船。

老实人回答："两万就两万。"

"哎啊！"那商人轻轻地自言自语，"这家伙花两万跟一万一样的满不在乎。"

他又回去，说少了三万不能把他送往佛尼市。

老实人回答："好，依你三万就是了。"

"噢！噢！"荷兰人对自己说，"三万银洋还不在他眼里；可见两头绵羊一定驮着无价之宝。别多要了，先教他付了三万，再瞧着办。"

老实人卖了两颗小钻，其中一颗很小的，价值就不止船主所要的数目。他先付了钱。两头绵羊装上去了。老实人跟着坐了一条小艇，预备过渡到港中的大船上。船长认为时机已到，赶紧扯起篷来，解缆而去，又遇着顺风帮忙。老实人看着，目瞪口呆，一刹那就不见了帆船的踪影。他叫道："哎哟！这一招倒比得上旧大陆的杰作。"他回到岸上，说不出多么痛苦，因为抵得上一二十位国王财富的宝物，都白送了。

他跑去见荷兰法官；性急慌忙，敲门不免敲得太粗暴了些；进去说明案由，叫嚷的声音不免太高了些。法官因为他闹了许多声响，先罚他一万银洋，方始耐性听完老实人的控诉，答应等那商人回来，立即审理。末了又要老实人缴付一万银洋讼费。

这种作风把老实人气坏了；不错，他早先遇到的倒霉事儿，给他的痛苦还百倍于此；但法官和船主这样不动声色地欺负人，使他动了肝火，悲观到极点。人心的险毒丑恶，他完全看到了，一肚子全是忧郁的念头。后来有条开往波尔多的法国船：他既然丢了满载钻石的绵羊，便花了很公道的代价，包下一间房舱。他又在城里宣布，要找一个诚实君子做伴，船钱饭食，一应归他，再送两千银洋酬劳。但这个人必须是本省遭遇最苦、最怨恨自己的行业的人。

这样就招来一大群应征的人，便是包一个舰队也容纳不下。老实人存心要在最值得注目的一批中去挑，当场选出一二十个看来还和气，又自命为最有资格入选的人，邀到酒店里，请他们吃饭；条件是要他们发誓，毫不隐瞒地说出自己的历史。老实人声明，他要挑一个他认为最值得同情、最有理由怨恨自己行业的人；其余的一律酌送现金，作为酬报。

这个会直开到清早四点。老实人听着他们的遭遇，一边想着老婆子当初来的时候说的话，赌的东道，断定船上没有一个人不受过极大的灾难。每听一个故事，他必想着邦葛罗斯，他道："恐怕邦葛罗斯不容易再证明他的学说了吧！可惜他不在这里。世界上果真有什么乐土，那一定是黄金国，决不在别的地方。"末了他挑中一个可怜的学者，在阿姆斯特登的书店里做过十年事。他认为世界上没有一个职业比他的更可厌的了。

那学者原是个好好先生，被妻子偷盗，被儿子殴打，被跟着一个葡萄牙人私奔的女儿遗弃。他靠着过活的小差事，最近也丢了；苏利南的牧师还迫害他，说他是索星尼派[①]。其实别的人至少也跟他一样倒霉；但老实人暗中希望这学者能在路上替他消愁解闷。其余的候选人认为老实人极不公平，老实人每人送了一百银洋，平了大家的气。

① 索星尼派为十六世纪时神学家索星所创，否认三位一体及耶稣为神之说。

第二十章 老实人与玛丁在海上的遭遇

老学者名叫玛丁，跟着老实人上船往波尔多。两人都见多识广，饱经忧患；即使他们的船要从苏利南绕过好望角开往日本，他们对于物质与精神的痛苦也讨论不完。

老实人比玛丁占着很大的便宜：他始终希望和居内贡小姐相会，玛丁却一无希望；并且老实人有黄金钻石；虽然丢了一百头满载世界最大财富的大绵羊，虽然荷兰船主拐骗他的事始终不能忘怀，但一想到袋里剩下的宝物，一提到居内贡小姐，尤其在酒醉饭饱的时候，他又倾向邦葛罗斯的哲学了。

他对学者说："玛丁先生，你对这些问题有何意见？你对物质与精神的苦难又有怎样的想法？"

玛丁答道："牧师们指控我是索星尼派，其实我是马尼教[①]徒。"

---

① 马尼教为公元三世纪时波斯人马奈斯所创，是一种二元论的宗教，言原人为善神所造，其性善；今人为恶神所造，其性恶，唯认识真理后方能解脱罪恶；并称世界上的光明与黑暗是永远斗争不已的。

“你这是说笑话吧？马尼教徒早已绝迹了。”

“还有我呢，”玛丁回答，“我也不知道信了这主义有什么用，可是我不能有第二个想法。”

老实人说：“那你一定是魔鬼上身了。”

玛丁道：“魔鬼什么事都要参预；既然到处有他的踪迹，自然也可能附在我身上。老实告诉你，我瞧着地球——其实只是一颗小珠子——我觉得上帝的确把它交给什么恶魔了；当然黄金国不在其内。我没见过一个城市不巴望邻近的城市毁灭的，没见过一个家庭不希望把别的家庭斩草除根的。弱者一面对强者卑躬屈膝，一面暗中诅咒；强者把他们当作一群任凭宰割的绵羊。上百万编号列队的杀人犯在欧洲纵横驰骋，井井有条地干着焚烧掳掠的勾当，为的是糊口，为的是干不了更正当的职业。而在一些仿佛太平无事、文风鼎盛的都市中，一般人心里的妒羡、焦虑、忧急，便是围城中大难当头的居民也不到这程度。内心的隐痛比外界的灾难更残酷。一句话说完，我见得多了，受的折磨多了，所以变了马尼教徒。”

老实人回答道：“究竟世界上还有些好东西呢。”

玛丁说：“也许有吧，可是我没见识过。”

辩论之间，他们听见一声炮响，接着越来越紧密。各人拿起望远镜，瞧见三海里以外有两条船互相轰击；风把它们越吹越近，法国船上的人可以舒舒服服地观战。后来，一条船放出一阵排炮，不偏不倚，正打在另外一条的半中腰，把它轰沉了。老实人和玛丁清清楚楚看到甲板上站着一百多人，向天举着手臂，呼号之声惨不忍闻。

一忽儿他们都沉没了。

玛丁道："你瞧，人与人就是这样相处的。"

老实人道："不错，这简直是恶魔干的事。"言犹未了，他瞥见一堆不知什么鲜红的东西在水里游泳。船上放下一条小艇，瞧个究竟，原来是老实人的一头绵羊。老实人找回这头羊所感到的喜悦，远过于损失一百头满载钻石的绵羊所感到的悲伤。

不久，法国船长看出打胜的一条船，船主是西班牙人；沉没的那条，船主是一个荷兰海盗，便是拐骗老实人的那个。他抢去的偌大财宝，跟他一齐葬身海底，只逃出了一头羊。

老实人对玛丁道："你瞧，天理昭彰，罪恶有时会受到惩罚的，这也是荷兰流氓的报应。"

玛丁回答："对。可是船上的搭客，难道应当和他同归于尽吗？上帝惩罚了恶棍，魔鬼淹死了无辜。"

法国船和西班牙船继续航行，老实人和玛丁继续辩论，一连辩了半个月，始终没有结果。可是他们总算谈着话，交换着思想，互相安慰着。

老实人抚摩着绵羊，说道："我既然能把你找回来，一定也能找回居内贡的。"

第二十一章　老实人与玛丁驶近法国海岸，他们的议论

终于法国海岸在望了。老实人问:“玛丁先生，你到过法国吗？”

玛丁回答:“到过，我去过好几州。有的州里，半数居民都害着狂疾，有几州民风奸刁得很，有几州的人性情和顺，相当愚蠢；又有几州的人喜欢卖弄才情。全国一致的风气是:第一，谈情说爱；第二，恶意中伤；第三，胡说八道。”

“玛丁先生，你可曾到过巴黎？”

“到过的，那儿可是各色人等，一应俱全了；只看见一片混乱，熙熙攘攘，人人都在寻求快乐，结果没有一个人找到，至少我觉得如此。我没耽搁多久；才到巴黎，身边的钱就给圣·日耳曼节场上的小偷扒光了。人家还把我当作小偷，抓去关了八天牢；以后我进印刷所当校对，想挣一笔路费，拼着两腿走回荷兰。我认识一批写文章的，掀风作浪的，为宗教入迷的，都不是东西。有人说巴黎也有些挺文雅的君子；但愿这话是真的。”

老实人道:“我没兴致游历法国；你不难想象，在黄金国待过一个月的人，除了居内贡小姐之外，世界上什么东西都不想再看了。

我要经过法国到意大利，上佛尼市等她；你不陪我走一遭吗？”

玛丁道：“一定奉陪；听说那地方，只有佛尼市的贵族才住得；可是本地人待外乡人很客气，只要外乡人十二分有钱。我没有钱，你有的是；不论你上哪儿，我都跟着走。”

老实人道：“我想起一件事要问你，我们的船主有一本厚厚的书，书中说咱们的陆地原本是海洋，你相信吗？”

玛丁回答：“我才不信呢，近年来流行的那些梦话，我全不信。”

老实人道：“那么干吗要有这个世界呢？”

“为了气死我们的。”玛丁回答。

老实人又说：“我给你讲过大耳人那里有两个姑娘爱上猴子的事，你不觉得奇怪吗？”

“我才不呢，”玛丁说，“我不觉得这种情欲有什么可怪；怪事见得多了，就什么都不以为怪了。”

老实人道：“你可相信人一向就互相残杀，像现在这样的吗？一向就是扯谎、欺诈、反复无常、忘恩负义、强取豪夺、懦弱、轻薄、卑鄙、妒羡、馋痨、酗酒、吝啬、贪婪、残忍、毁谤、淫欲无度、执迷不悟、虚伪、愚妄的吗？”

玛丁回答说：“你想鹞子看到鸽子是否一向都吃的？”

“那还用说吗？”

玛丁道：“既然鹞性不改，为什么希望人性会改呢？”

“噢！那是大不相同的；因为人的意志可以自由选择……”议论之间，他们到了波尔多。

第二十二章　老实人与玛丁在法国的遭遇

老实人在波尔多办了几件事就走了。他在当地卖掉几块黄金国的石子，包定一辆舒服的双人座的驿车，因为他和哲学家玛丁成了形影不离的好友。他不得不把绵羊忍痛割爱，送给波尔多的科学院；科学院拿这头羊作为当年度悬赏征文的题目，要人研究为什么这头羊的毛是红的。得奖的是一个北方学者，他用A加B，减C，用Z除的算式，证明这头羊应当长红毛，也应当害疱疮[①]而死。

可是，老实人一路在酒店里遇到的旅客都告诉他："我们上巴黎去。"那股争先恐后的劲，终于打动了老实人的兴致，他也想上京城去观光一番了；好在绕道巴黎到佛尼市，并没有多少冤枉路。

他从圣·玛梭城关进城，当下竟以为到了威斯发里省内一个最肮脏的村子。

老实人路上辛苦了些，一落客店便害了一场小病。因为他手上

① 此处所谓疱疮，原是羊特有的病症。

戴着一只其大无比的钻戒，行李中又有一口重得非凡的小银箱，所以立刻来了两名自告奋勇的医生，几位寸步不离的好友，两个替他烧汤煮水的虔婆。

玛丁说："记得我第一次到巴黎也害过病；我穷得很，所以既没有朋友，也没有虔婆，也没有医生；结果我病好了。"

又是吃药，又是放血，老实人的病反而重了。一个街坊上的熟客，挺和气地来问他要一份上他世界去的通行证[1]。老实人置之不理；两位虔婆说这是新时行的规矩。老实人回答，他不是一个时髦人物。玛丁差点儿把来客摔出窗外。教士赌咒说，老实人死了，决不给他埋葬。玛丁赌咒说，他倒预备埋葬教士，要是教士再纠缠不清。你言我语，越吵越凶。玛丁抓着教士的肩膀，使劲撵了出去。这事闹得沸沸扬扬，连警察局都动了公事。

老实人复原了，养病期间，颇有些上流人士来陪他吃晚饭，另外还赌钱，输赢很大。老实人从来抓不到爱司[2]，觉得莫名其妙；玛丁却不以为怪。

老实人的向导中间，有个矮小的班里戈登神父。巴黎不少像他那样殷勤的人，老是机灵乖巧，和蔼可亲，面皮既厚，说话又甜，极会趋奉人，专门巴结过路的外国人，替他们讲些本地的丑闻秘史，帮他们花大价钱去寻欢作乐。这位班里戈登神父先带老实人和玛丁

---

① 此系指忏悔证书。今日旧教徒结婚之前，教会尚限令双方缴纳忏悔证书。街坊上的熟客即暗指教士。

② 外国纸牌中普通最大的王牌为 A，读如爱司（As）。

去看戏。那日演的是一出新编的悲剧。老实人座位四周都是些才子；但他看到表演精彩的几幕，仍禁不住哭了。

休息期间，旁边有位辩士和他说："你落眼泪真是大错特错了：这女戏子演得很糟，搭配的男戏子比她更糟，剧本比戏子还要糟。剧情明明发生在阿拉伯，剧作者却不懂一句阿拉伯文；并且他不信先天观念论[①]。明天我带二十本攻击他的小册子给你看。"

老实人问神父："先生，法国每年有多少本新戏？"

"五六千本。"

老实人说："那很多了，其中有几本好的呢？"

神父道："十五六本。"

玛丁接着道："那很多了。"

有一位女戏子，在一出偶尔还上演的、平凡的悲剧中，串伊丽莎白王后，老实人看了很中意，对玛丁道："我很喜欢这演员，她颇像居内贡小姐；倘使能去拜访她一次，倒也是件乐事。"

班里戈登神父自告奋勇，答应陪他去。老实人是从小受的德国教育，便请问当地的拜见之礼，不知在法国应当怎样对待英国王后。

神父说："那要看地方而定。在内地呢，带她们上酒店；在巴黎，要是她们相貌漂亮，大家便恭而敬之，死了把她们摔在垃圾

① 笛卡儿的哲学系统以生来自具之观念为意识之内容，此生来自具之观念即名为"先天观念"。

堆上。”[①]

老实人嚷起来：“怎么，把王后摔在垃圾堆上！”

玛丁接口道：“是的，神父说得一点儿不错。从前莫尼末小姐，像大家说的从此世界转到他世界去的时候，我正在巴黎；那时一般人不许她享受所谓丧葬之礼，所谓丧葬之礼，是让死人跟街坊上所有的小子，躺在一个丑恶不堪的公墓里一同腐烂；莫尼末小姐只能孤零零地埋在蒲高涅街的转角上；她的英魂一定因此伤心透顶的，因为她生前思想很高尚。”

老实人道：“那太没礼貌了。”

玛丁道：“有什么办法！这儿的人便是这样。在这个荒唐的国内，不论是政府、法院、教堂、舞台，凡是你想象得到的矛盾都应有尽有。”

老实人问：“巴黎人是不是老是嘻嘻哈哈的？”

神父回答：“是的。他们一边笑，一边生气；他们对什么都不满意，而抱怨诉苦也用打哈哈的方式；他们甚至一边笑一边干着最下流的事。”

老实人又道：“那混账的胖子是谁？我为之感动下泪的剧本，我极喜欢的演员，他都骂得一文不值。”

“那是个无耻小人，所有的剧本，所有的书籍，他都要毁谤；他

① 此段故事系隐指法国有名的女演员勒戈佛滦（一六九二至一七三〇）事，生前声名藉盛，死后教堂拒绝为之举行葬礼，卒埋于巴黎蒲高涅街路角，塞纳河畔。

是靠此为生的。谁要有点儿成功，他就咬牙切齿，好比太监怨恨作乐的人；那是文坛上的毒蛇，把凶狠仇恨做粮食的；他是个报屁股作家。”

“什么叫作报屁股作家？”

“专门糟蹋纸张的，所谓弗莱隆[1]之流。”神父回答。

成群的看客涌出戏院；老实人、玛丁、班里戈登却在楼梯高头大发议论。

老实人道：“虽则我急于跟居内贡小姐相会，倒也很想和格兰龙小姐吃顿饭；我觉得她真了不起。”

格兰龙小姐只招待上等人，神父没资格接近。他说：“今天晚上她有约会；但是我可以带你去见一位有身份的太太，你在她府上见识了巴黎，就赛过在巴黎住了四年。”

老实人天性好奇，便跟他到一位太太府上，坐落在圣·奥诺雷城关的尽里头，有人在那儿赌法老[2]：十二个愁眉不展的赌客各自拿着一叠牌，好比一本登记他们噩运的账册。屋内鸦雀无声，赌客脸上暗淡无光，庄家脸上焦急不安，女主人坐在铁面无情的庄家身边，用尖利的眼睛瞅着赌客的加码；谁要把纸牌折个小角儿，她就教他们把纸角展开，神色严厉，态度却很好，决不因之生气，唯恐得罪了主顾。那太太自称为特·巴洛里涅侯爵夫人。她的女儿十五岁，也是赌客之一；众人为了补救牌运而做的手脚，她都眨着眼睛做报告。

---

① 弗莱隆（一七一九至一七七六）为法国政论家，终身与百科全书派为敌，攻击伏尔泰尤为激烈。

② 法老是一种纸牌的赌博。

班里戈登神父、老实人和玛丁走进屋子，一个人也没站起来，一个人也没打招呼，甚至瞧都不瞧一眼；大家一心都在牌上。

老实人说：“哼，森特-登-脱龙克男爵夫人还比他们客气一些。”

神父凑着侯爵夫人耳朵说了几句，她便略微抬了抬身子，对老实人嫣然一笑，对玛丁很庄严地点点头，教人端一张椅子，递一副牌给老实人。玩了两局，老实人输了五万法郎。然后大家一团高兴地坐下吃晚饭。在场的人都奇怪老实人输了钱毫不介意，当差们用当差的俗谈，彼此说着：“他准是一位英国的爵爷。”

和巴黎多数的饭局一样，桌上先是静悄悄的，继而你一句我一句，谁也听不清谁；最后是说笑打诨，无非是没有风趣的笑话、无稽的谣言、荒谬的议论，略为谈几句政治，缺德话说上一大堆。也有人提到新出的书。

班里戈登神父问道：“神学博士谷夏先生的小说，你们看到没有？”

一位客人回答：“看到了，只是没法念完。荒唐的作品，咱们有的是；可是把全体坏作品加起来，还及不上神学博士谷夏的荒唐。这一类恶劣的书泛滥市场，像洪水一般，我受不了，宁可到这儿来赌法老的。”

神父说：“教长T某某写的随笔，你觉得怎么样？”

巴洛里涅太太插嘴道：“噢！那个可厌的俗物吗？他把老生常谈说得非常新奇；把不值一提的东西讨论得酸气冲天；剽窃别人的才智，手段又笨拙透顶，简直是点金成铁！他教我讨厌死了！可是好啦，现在用不着我讨厌了，教长的大作只要翻过几页就够了。”

桌上有位风雅的学者，赞成侯爵夫人的意见。接着大家谈到悲剧；女主人问，为什么有些悲剧还能不时上演，可是剧本念不下去。那位风雅的人物，把一本戏可能还有趣味而毫无价值的道理，头头是道地解释了一番。他很简括地说明，单单拿每部小说都有的、能吸引观众的一二情节搬进戏文，是不够的，还得新奇而不荒唐，常常有些崇高的境界而始终很自然，识透人的心而教这颗心讲话，剧作者必须是个大诗人而剧中并不显得有一个诗人；深得语言三昧，文字精练，从头至尾音韵铿锵，但决不让韵脚妨碍意义。他又补充说："谁要不严格遵守这些规则，他可能写出一两部悲剧博得观众掌声，却永远算不得一个好作家。完美的悲剧太少了。有些是文字写得不差，韵押得很恰当的牧歌；有些是教人昏昏欲睡的政论，或者是令人作恶的夸张；又有些是文理不通、中了邪魔的梦呓；再不然是东拉西扯，因为不会跟人讲话，便长篇大论地向神道大声疾呼；还有似是而非的格言，张大其辞的陈言俗套。"

老实人聚精会神地听着，以为那演说家着实了不起。既然侯爵夫人特意让他坐在身旁，他便凑到女主人耳畔，大着胆子问，这位能言善辩的先生是何等人物。她回答说："他是一位学者，从来不入局赌钱，不时由神父带来吃顿饭的。他对于悲剧和书本非常内行；自己也写过一出悲剧，被人大喝倒彩；也写过一部书，除掉题赠给我的一本之外，外边从来没有人看到过。"

老实人道："原来是个大人物！不愧为邦葛罗斯第二。"

于是他转过身去，朝着学者说道："先生，你大概认为物质世界和精神领域都十全十美，一切都是不能更改的吧？”

学者答道：“我才不这么想呢；我觉得我们这里一切都倒行逆施；没有一个人知道他自己的身份，自己的责任，知道他做些什么，应当做什么；除了在饭桌上还算痛快，还算团结以外，其余的时候大家都喧呶争辩，无理取闹：扬山尼派攻击莫利尼派①，司法界攻击教会，文人攻击文人，幸臣攻击幸臣，金融家攻击老百姓，妻子攻击丈夫，亲戚攻击亲戚；简直是一场无休无歇的战争。”

老实人回答说：“我见过的事比这个恶劣多呢；可是有位倒了霉被吊死的哲人，告诉我这些都十全十美，都是一幅美丽的图画的影子。”

玛丁道：“你那吊死鬼简直是嘲笑我们；你所谓影子其实是丑恶的污点。”

老实人说：“污点是人涂上去的，他们也是迫不得已。”

玛丁道：“那就不能怪他们了。”

大半的赌客完全不懂他们的话，只顾喝酒；玛丁只管和学者辩论，老实人对主妇讲了一部分自己的经历。

吃过晚饭，侯爵夫人把老实人带到小房间里，让他坐在一张长沙发上，问道：“喂，这么说来，你是一往情深，永远爱着居内贡小姐了？”

“是的。”老实人回答。

侯爵夫人对他很温柔地一笑，说：“你这么回答，表示你真是一

① 莫利尼派为耶稣会中的一支，十六世纪时由耶稣会神学家莫利尼创立，以调和人的自由与神的恩宠为主要学说。

个威斯发里的青年；换了一个法国人，一定说：‘我果然爱居内贡小姐；可是见了你，太太，我恐怕要不爱她了。’”

老实人说：“好吧，太太，你要我怎样回答都行。”

侯爵夫人又道：“你替居内贡小姐捡了手帕才动情的；现在我要你替我捡吊袜带。”

“敢不遵命。”老实人说着，便捡了吊袜带。

那太太说：“我还要你替我扣上去。”

老实人就替她扣上了。

太太说：“你瞧，你是个外国人；我常常教那些巴黎的情人害上半个月的相思病，可是我第一夜就向你投降了，因为对一个威斯发里的年轻人，我们应当竭诚招待。”

美人看见外国青年两手戴着两只大钻戒，不由得赞不绝口；临了两只钻戒从老实人手上过渡到了侯爵夫人手上。

老实人做了对不起居内贡小姐的事，和班里戈登神父一路回去，一路觉得良心不安：神父对他的痛苦极表同情。老实人在赌台上输的五万法郎和两只半送半骗的钻戒，神父只分润到一个小数目；他存心要利用结交老实人的机会，尽量捞一笔，便和他大谈其居内贡。老实人对他说，将来在佛尼市见了爱人，一定要求她饶恕他的不忠实。

班里戈登变得格外恭敬、格外体贴了，老实人说什么，做什么，打算做什么，神父都表示热心和关切。

他问老实人：“那么先生，你是在佛尼市有约会了？”

老实人答道：“是啊，神父，我非到佛尼市去跟居内贡小姐相会不可。”他能提到爱人真是太高兴了，所以凭着心直口快的老脾气，把自己和大名鼎鼎的威斯发里美人的情史讲了一部分。

神父说：“大概居内贡小姐极有才气，写的信也十分动人吧？”

老实人道：“我从来没收到过；你想，我为了钟情于她而被赶出爵府的时候，我不能写信给她；不久听说她死了，接着又和她相会，又和她分手；最后我在离此一万多里的地方，派了一个当差去接她。”

神父留神听着，若有所思。不一会他和两个外国人亲热地拥抱了一下，告辞了。第二天，老实人睁开眼来就收到一封信，措辞是这样的：

“我最亲爱的情人，我病在此地已有八天了；听说你也在城中。要是我能动弹，早已飞到你怀抱里来了。我知道你路过波尔多；我把忠心的加刚菩和老婆子留在那边，让他们随后赶来。布韦诺斯·爱累斯总督把所有的宝物都拿去了，可是我还有你的一颗心。快来吧，见了你，我就有命了，要不然我也会含笑而死。”

这封可爱的信，这封意想不到的信，老实人看了说不出的欢喜；心爱的居内贡病倒的消息又使他痛苦万分。老实人被两种情绪搅乱了，急忙拿着黄金钻石，教人把他和玛丁两个带往居内贡的旅馆。他走进去，紧张得全身打战，心儿乱跳，说话带着哭声；他想揭开床上的帐幔，教人拿支蜡烛过来。

“不行，见了光她就没有命了。”女用人说着，猛地把帐幔放下了。

老实人哭道：“亲爱的居内贡，你觉得好些了吗？你不能见我的面，至少跟我说句话呀。”

女用人道：“她不能说话。”接着她从床上拉出一只滚圆的手，让老实人把眼泪浇在上面，浇了半天，他拿几颗钻石塞在那只手里，又在椅子上留下一袋黄金。

他正在大动感情，忽然来了一个差官，后面跟着班里戈登神父和几名差役。差官道：“嘿！这两个外国人形迹可疑！”随即喝令手下的人把他们逮捕，押往监狱。

老实人道：“黄金国的人可不是这样对待外客的。”

玛丁道：“啊！我更相信马尼教了。”

老实人问：“可是，先生，你把我们带往哪儿去呢？”

“进地牢去。”差官回答。

玛丁定下心神想了想，断定冒充居内贡的是个女骗子，班里戈登神父是个男骗子，他看出老实人天真不过，急于下手；差官又是一个骗子，可是容易打发的。

为了避免上公堂等等的麻烦，老实人听了玛丁劝告，又急于和货真价实的居内贡相会，便向差官提议送他三颗小钻，每颗值三千比斯多。差官说道：“啊，先生，哪怕你十恶不赦，犯尽了所有的罪，你也是世界上第一个规矩人；三颗钻石！三千比斯多一颗！我替你卖命都来不及，怎么还会把你送地牢？公家要把外国人全部抓起来，可是我有办法；我有个兄弟住在诺曼地的第埃普海港，让我带你去；只要你有几颗钻石给他，他会像我一样地侍候你。”

老实人问：“为什么要把外国人都抓起来呢？”

班里戈登神父插嘴道："因为有个阿德雷巴西的光棍[1]，听了混账话，做了大逆不道的事，不是像一六一〇年五月的案子，而是像一五九四年十二月的那件[2]。还有像别的一些案子，是别的光棍听了混账话，在别的年份别的月份犯的。"

差官把案情[3]解释给老实人听，老实人叫道："啊！这些野兽！一个整天唱歌跳舞的国家，竟有这样惨无人道的事！这简直是猴子耍弄老虎的地方，让我快快逃出去吧。我在本乡见到的是大熊；只有在黄金国才见过人！差官先生，看在上帝分上，带我上佛尼市吧，我要在那儿等居内贡小姐。"

差官道："我只能送你上诺曼地。"

当下教人开了老实人和玛丁的脚镣，说是误会了，打发了手下的人，亲自把两人送往诺曼地，交给他兄弟。

那时港中泊着一条荷兰船。靠了另外三颗钻石帮忙，诺曼地人马上成为天下第一个热心汉，把老实人和玛丁送上船，开往英国的朴次茅斯海港。那不是到佛尼市去的路；但老实人以为这样已经逃出了地狱，打算一有机会就取道上佛尼市。

---

① 此系作者影射达眠安事件：一七五七年一月五日，一个精神不健全的乡下人，名叫达眠安，以小刀刺伤路易十五，卒被凌迟处死。

② 一五九四年十二月，亨利四世被约翰·夏丹行刺；又于一六一〇年五月，被拉伐伊阿克行刺，重伤身死。以上各案均与十六七世纪的宗教斗争有关。

③ 一七五七年达眠安处死以前，备受酷刑；拿过凶器的手被火焚烧，又浇以沸油及熔化的铅。

第二十三章　老实人与玛丁在英国海岸上见到的事

“啊，邦葛罗斯！邦葛罗斯！啊，玛丁！玛丁！啊，亲爱的居内贡！这是什么世界呀？”老实人在荷兰船上这么叫着。

玛丁答道：“都是些疯狂丑恶的事儿。”

“你到过英国，那边的人是不是跟法国人一样疯狂的？”

玛丁道：“那是另外一种疯狂。英法两国正为了靠近加拿大的几百亩雪地打仗，为此英勇地战争，所花的钱已经大大超过了全加拿大的价值。该送疯人院的人究竟哪一国更多，恕我资质愚钝，无法奉告。我只知道我们要遇到的人性情忧郁，肝火很旺。”

说话之间，他们进了朴次茅斯港；港内泊着舰队；岸上人山人海，睁着眼睛望着一个胖子；他跪在一条兵船的甲板上，四个兵面对着他，每人若无其事地朝他脑袋放了三枪；岸上的看客便心满意足地回去了。

老实人道：“怎么回事呀？哪个魔鬼这样到处发威的？”他向人打听，那个在隆重的仪式中被枪毙的胖子是谁。

“是个海军提督[①]。”有人回答。

“为什么要杀他呢？”

“因为他杀人杀得不够，他和一个法国海军提督作战，离开敌人太远了。”

老实人道：“可是法国提督离开英国提督不是一样远吗？”

旁边的人回答：“不错；可是这个国家，每隔多少时候总得杀掉个把海军提督，鼓励一下别的海军提督。”

老实人对于所见所闻，又惊骇，又厌恶，简直不愿意上岸；当下跟荷兰船主讲妥价钱，把船直放佛尼市；哪怕这船主会像苏利南的那个一样地拐骗他，也顾不得了。

两天以后，船主准备停当，把船沿着法国海岸驶去；远远望见里斯本的时候，老实人吓得直打哆嗦。接着进了海峡，驶入地中海；终于到了佛尼市。

老实人搂着玛丁叫道：“哎啊！谢谢上帝！这儿我可以和美人居内贡相会了。我相信加刚菩跟相信我自己一样。苦尽甘来，否极泰来，不是样样都十全十美了吗？”

① 影射一七五七年三月英国海军提督平格被杀事，因平格于一七五六年与法国舰队作战败绩。

第二十四章　巴该德与奚罗弗莱的故事

老实人一到佛尼市，就着人到所有的酒店、咖啡馆、妓院去找加刚菩，不料影踪全无。他每天托人去打听大小船只，只是没有加刚菩的消息。

他对玛丁说："怎么的！我从苏利南到波尔多，从波尔多到巴黎，从巴黎到第埃普，从第埃普到朴次茅斯，绕过了葡萄牙和西班牙的海岸，穿过地中海，在佛尼市住了几个月：这么长久的时间，我的美人儿和加刚菩还没到！我非但没遇到居内贡，倒反碰上了一个女流氓和一个班里戈登神父！她大概死了吧，那我也只有一死了事。啊！住在黄金国的乐园里好多了，不应当回到这该死的欧洲来的。亲爱的玛丁，你说得对，人生不过是些幻影和灾难。"

他郁闷不堪，既不去看时行的歌剧，也不去欣赏狂欢节的许多游艺节目，也没有一个女人使他动心。

玛丁说："你太傻了，你以为一个混血种的当差，身边带着五六百万，真会到天涯海角去把你的情妇接到佛尼市来吗？要是找到的话，他就自己消受了。要是找不到，他也会另找一个。我劝你把你的当差和你的情人居内贡，一齐丢开了吧。”

玛丁的话只能教人灰心。老实人愈来愈愁闷，玛丁还再三向他证明，除了谁也去不了的黄金国，德行与快乐在世界上是很少的。

一边讨论这个大题目，一边等着居内贡，老实人忽然瞧见一个年轻的丹阿德会[①]修士，搀着一位姑娘在圣·马克广场上走过。修士年富力强，肥肥胖胖，身体精壮结实，眼睛很亮，神态很安详，脸色很红润，走路的姿势也很威武。那姑娘长得很俏，嘴里唱着歌，脉脉含情地瞧着修士，常常拧他的大胖脸表示亲热。

老实人对玛丁道：“至少你得承认，这两人是快活的了。至此为止，除了黄金国以外，地球上凡是人住得的地方，我只看见苦难；但这个修士和这个姑娘，我敢打赌是挺幸福的人。”

玛丁道：“我打赌不是的。”

老实人说：“只要请他们吃饭，就可知道我有没有看错了。”

他过去招呼他们，说了一番客套话，请他们同到旅馆去吃通心粉、龙巴地鹧鸪、鲟鱼蛋，喝蒙德毕岂阿诺酒、拉克利玛-克利斯底酒、希普酒、萨摩酒。小姐红了红脸，修士却接受了邀请；女的跟着他，又惊异又慌张地瞧着老实人，甚至于含着一包眼泪。才跨进老实人的房间，她就说：“怎么，老实人先生认不得巴该德了吗？”

---

① 丹阿德会为旧教中的一派，十六世纪时由丹阿多主教创立。

老实人原来不曾把她细看，因为一心想着居内贡；听了这话，回答说："唉！可怜的孩子，原来是你把邦葛罗斯博士弄到那般田地的？"

巴该德道："唉，先生，是呀。怪道你什么都知道了。我听到男爵夫人和居内贡小姐家里遭了横祸。可是我遭遇的残酷也不相上下。你从前看见我的时候，我还天真烂漫。我的忏悔师是一个芳济会修士，轻易就把我勾搭上了。结果可惨啦；你被男爵大人踢着屁股赶走以后，没几天我也不得不离开爵府。要不是一个本领高强的医生可怜我，我早死了。为了感激，我做了这医生的情妇。他老婆妒忌得厉害，天天下毒手打我，像发疯一样。医生是天底下顶丑的男人，我是天底下顶苦的女人，为了一个自己并不喜欢的男人整天挨打。先生，你知道，泼妇嫁给医生是很危险的。他受不了老婆的凶悍，有天给她医小伤风，配了一剂药，灵验无比。她吃下去抽搐打滚，好不怕人，两小时以内就送了命。太太的家属把先生告了一状，说他谋杀；他逃了，我坐了牢。倘不是我还长得俏，尽管清白无辜也救不了我的命。法官把我开脱了，条件是由他来顶医生的缺。不久，一位情敌又补了我的缺，把我赶走，一个钱也没给。我只得继续干这个该死的营生；你们男人以为是挺快活的勾当，我们女人只觉得是人间地狱。我到佛尼市来也是做买卖的。啊！先生，不管是做生意的老头儿，是律师，是修士，是船夫，是神父，我都得赔着笑脸侍候；无论什么耻辱，什么欺侮，都是准备挨受；往往衣服都没有穿了，借着别人的裙子走出去，让一个混账男人撩起来；从东家挣来的钱给西家偷去；衙门里的差役还要来讹诈你；前途有什么指望呢？还不是又老又病，躺在救济院里，扔在垃圾堆上！先生，你要想想这个滋味，就会承认我是天底下最苦命的女人了。”

巴该德在小房间里，当着玛丁对老实人说了这些知心话。玛丁和老实人道：“你瞧，我赌的东道已经赢了一半。”

奚罗弗莱修士坐在饭厅里，喝着酒等开饭。

老实人和巴该德道：“可是我刚才碰到你，你神气多快活，多高兴，你唱着歌，对教士那么亲热，好像是出于真心的，你自己说苦得要命，我看你倒是乐得很呢。”

巴该德答道：“啊！先生，那又是我们这一行的苦处呀。昨天一个军官抢了我的钱，揍了我一顿，今天就得有说有笑地讨一个修士喜欢。”

老实人不愿意再听了；他承认玛丁的话不错。他们跟巴该德和丹阿德会修士一同入席；饭桌上大家还高兴，快吃完的时候，说话比较亲密了。

老实人道：“神父，我觉得你的命很不差，大可羡慕；你的脸色表示你身体康健，心中快乐；又有一个挺漂亮的姑娘陪你散心，看来你对丹阿德会修士这个职业是顶满意的了。”

奚罗弗莱修士答道：“嘿，先生，我恨不得把所有的丹阿德会修士都沉到海底去呢。我几次三番想把修道院一把火烧掉，去改信回教。我十五岁的时候，爹娘逼我披上这件该死的法衣，好让一个混账的、天杀的哥哥多得一份产业。修道院里只有妒忌、倾轧、疯狂。

我胡乱布几次道，挣点儿钱，一半给院长克扣，一半拿来养女人。但我晚上回到修道院，真想一头撞在卧房墙上；而我所有的同道都和我一样。”

玛丁转身朝着老实人，照例很冷静地说道：“喂，我赌的东道不是全赢了吗？”

老实人送了两千银洋给巴该德，送了一千给奚罗弗莱修士，说道：“我担保，凭着这笔钱，他们就快乐了。”

玛丁道：“我可不信，这些钱说不定把他们害得更苦呢。”

老实人道：“那也管不了；可是有件事我觉得很安慰：你以为永远不会再见的人竟会再见。既然红绵羊和巴该德都遇到了，很可能也会遇到居内贡。”

玛丁说：“但愿她有朝一日能使你快活；可是我很怀疑。”

“你的心多冷。”老实人说。

“那是因为我事情经得多了。”玛丁回答。

老实人道：“你瞧那些船夫，不是老在唱歌吗[①]？”

玛丁道：“你没瞧见他们在家里，跟老婆和小娃娃们在一起的情形呢。执政[②]有执政的烦恼，船夫有船夫的烦恼。固然，通盘算起来，还是船夫的命略胜一筹，可是也相差无几，不值得计较。”

老实人道：“外边传说这里有位元老，叫作波谷居朗泰，住着勃

---

① 佛尼市游艇有名于世，舟子之善歌亦有名于世。

② 佛尼市共和城邦的政府首长，自七世纪末至十八世纪末均称Doge，原义为公爵，但易与普通的公爵相混，故暂译作“执政”。

朗泰河上那所华丽的王府，招待外国人还算客气。听说他是一个从来没有烦恼的人。”

玛丁说：“这样少有的品种，我倒想见识见识。”

老实人立即托人向波谷居朗泰大人致意，要求准许他们第二天去拜访。

第二十五章　佛尼市贵族波谷居朗泰访问记

老实人和玛丁坐着游艇，驶进勃朗泰河，到了元老波谷居朗泰的府上。花园布置得很雅，摆着美丽的白石雕像。王府建筑极其宏丽。主人年纪六十左右，家财巨万；接见两位好奇的来客颇有礼貌，可并不热烈；老实人不免有点儿局促，玛丁倒还觉得满意。

两个相貌漂亮、衣着大方的姑娘，先端上泡沫很多的巧克力敬客。老实人少不得把她们的姿色、风韵和才干称赞一番。

元老说道："这两个姑娘还不错，有时我让她们睡在我床上；因为我对城里的太太们，对她们的风情、脾气、妒忌、争吵、狭窄、骄傲、愚蠢，还有非给她们写不可的或者非教人写不可的十四行诗，都厌倦透顶；可是这两个姑娘也教我起腻了。"

吃过早点，老实人在画廊中散步，看着美不胜收的画惊叹不已。他问那开头的两幅是谁的作品。

主人说："那是拉斐尔的。几年前，为了虚荣我花大价钱买了来；据说是全意大利最美的东西，我却一点儿不喜欢，颜色已经暗黄了，人体不够丰满，表现得不够有力；衣褶完全不像布帛。总而言之，不管别人怎么说，我觉得这两幅画不够逼真。一定要像看到实物一样的画，我才喜欢；但这种作品简直没有。我藏着不少画，早就不看了。”

饭前，波谷居朗泰教人来一支合奏曲。老实人觉得音乐美极了。

波谷居朗泰道：“这种声音可以让你消遣半个钟点，再多，大家就听厌了，虽然没有一个人敢说出来。现在的音乐，不过是以难取胜的艺术；仅仅是难奏的作品，多听几遍就没人喜欢。

“我也许更爱歌剧，要不是人家异想天开，把它弄成怪模怪样的教我生气。那些谱成音乐的要不得的悲剧，一幕一幕只是没来由地插进几支可笑的歌，让女戏子卖弄嗓子：这种东西，让爱看的人去看吧。一个被阉割的男人哼哼唧唧，扮演恺撒或加东，在台上愣头傻脑地踱方步：谁要愿意，谁要能够，对这种东西低徊叹赏，尽管去低徊叹赏；至于我，我久已不愿领教了；这些浅薄无聊的玩意儿，如今却成为意大利的光荣，各国的君主还不惜重金罗致呢。”

老实人很婉转地略微辩了几句。玛丁却完全赞成元老的意见。

他们吃了一餐精美的饭，走进书房。老实人瞥见一部装订极讲究的《荷马全集》，便恭维主人趣味高雅。

他说：“这一部是使伟大的邦葛罗斯，德国最杰出的哲学家，为之陶醉的作品。”

波谷居朗泰冷冷地答道：“我并不为之陶醉。从前人家硬要我相信这作品很有趣味；可是那些翻来覆去讲个不休的大同小异的战争；那些忙忙碌碌而一事无成的神道；那战争的祸根，而还够不上做一个女戏子的海伦；那老是围困而老是攻不下的特洛伊城，都教我厌烦得要死。有时候我问几位学者，是不是看了这书跟我一样发闷。凡是真诚的都承认看不下去，但书房中非有一部不可，好比一座古代的纪念碑，也好比生锈而市面上没人要的古徽章。”

老实人问：“大人对维琪尔的见解不是这样吧？”

波谷居朗泰答道：“我承认他的《埃奈伊特》[①]第二、第四、第六各卷都很精彩；但是那虔诚的埃奈伊、勇武的格劳昂德、好友阿夏德、小阿斯加尼于斯、昏君拉底奴斯、庸俗的阿玛太、无聊的拉维尼亚，却是意趣索然，令人生厌。我倒更喜欢塔索和阿利渥斯托笔下那些荒诞不经的故事[②]。”

老实人道：“恕我冒昧，先生读荷拉斯是不是极感兴趣呢？”

波谷居朗泰回答：“不错，他写了些格言，对上流人物还能有点儿益处；而且是用精悍的诗句写的，比较容易记。可是他描写勃兰特的旅行，吃得挺不舒服的饭，两个粗人的口角，说什么一个人好比满口脓血，另外一个好比一嘴酸醋等等，我都懒得理会。他攻击老婆子和女巫的诗，粗俗不堪，我只觉得恶心。他对他的朋友曼塞纳说，如果自己能算得一个抒情诗人，一定高傲得昂然举首，上触星辰：这等

---

① 拉丁诗人维琪尔（公元前七〇至前一九年）著有未完成的史诗《埃奈伊特》，叙述荷马史诗中的英雄定居意大利的故事，以埃奈伊为主角。全书完成的有十二卷。

② 意大利诗人塔索（一五四四至一五九五）著有史诗《耶路撒冷之解放》。诗人阿利渥斯托（一四七四至一五三三）著有长诗《狂怒的洛朗》。

话我也看不出有什么价值[①]。愚夫愚妇对于一个大名家的东西，无有不佩服的。可是我读书只为我自己，只有合我脾胃的才喜欢。”

老实人所受的教育，使他从来不会用自己的眼光判断，听了主人的话不由得大为惊奇；玛丁却觉得波谷居朗泰的思想方式倒还合理。

老实人忽然叫道：“噢！这儿是一部西塞罗[②]；这个大人物的作品，阁下想必百读不厌吧？”

那佛尼市元老说：“我从来不看的。他替拉皮里于斯辩护也罢，替格鲁昂丢斯辩护也罢，反正跟我不相干。我自己经手的案子已经多得很了。我比较惬意的还是他的哲学著作；但看到他事事怀疑，我觉得自己的知识跟他相差不多，也用不着别人再来把我教得愚昧无知了。”

“啊！”玛丁叫道，“这儿还有科学院出版的二十四册丛刊，也许其中有些好东西吧？”

波谷居朗泰说道：“哼，只要那些作家中间有一个，能发明做别针的方法，就算是好材料了；可是这些书里只有空洞的学说，连一种实用的学识都找不到。”

老实人道：“这里又是多少剧本啊！有意大利文的，有西班牙文的，有法文的。”

---

① 拉丁诗人荷拉斯（公元前六五至前八年）与当时皇帝奥古斯德为友，尤受政治家曼塞纳之知遇；荷拉斯曾于有名的献词中，言人各有愿望理想，己之理想则为抒情诗人。

② 西塞罗（公元前一〇六至前四三年）为罗马共和时代之政论家、演说家。

元老回答："是的，一共有三千种，精彩的还不满三打。至于这些说教的演讲，全部合起来还抵不上一页赛纳克[①]，还有那批卷帙浩繁的神学书；你们想必知道我是从来不翻的，不但我，而且谁也不翻的。"

玛丁看到书架上有好几格都插着英文书，便道："这些书多半写得毫无顾忌，阁下既是共和城邦的人，想必喜欢的吧？"

波谷居朗泰回答说："不错，能把自己的思想写出来是件美事，也是人类独有的权利；我们全意大利的人，笔下写的却不是心里想的；恺撒与安东尼的同乡，没有得到多明我会修士的准许，就不敢自己转一个念头。启发英国作家灵感的那种自由，倘不是被党派的成见与意气，把其中一切有价值的部分糟蹋了，我一定会喜爱的。"

老实人看见一部《弥尔敦诗集》，便问在他眼里，这作家是否算得大人物。

波谷居朗泰说道："谁？他吗？这野蛮人用生硬的诗句，为《创世记》第一章写了十大章注解。这个模仿希腊作家的俗物把创造世界的本事弄得面目全非：摩西明明说上帝用言语造出世界的，那俗物却教弥赛亚到天堂的柜子里，去拿一个圆规来画出世界的轮廓[②]！

---

① 赛纳克（公元前四至公元六五年）为罗马时代哲学家，遗著除哲学论文外，尚有讽刺文集。

② 《创世记》第一章有"神说：要有光；就有光"等等之语，故基督教素来认为上帝是用言语创造世界的。摩西相传为《创世记》的作者；今人考证，则谓《创世记》系犹太人于公元六世纪时得之于巴比伦传说。弥尔敦诗中《失乐园》则谓弥赛亚（意为神之子）以金圆规画出世界，使有边际，不致浩瀚无涯。

我会把他当作大人物吗？塔索笔下的魔鬼和地狱都给他糟蹋了[①]，吕西番一忽儿变了癞蛤蟆，一忽儿变了小矮子，一句话讲到上百次；还要辩论神学；阿利渥斯托说到火枪的发明，原是个笑话，他却一本正经地去模仿，教魔鬼们在天上放大炮[②]：这样的人我会敬重吗？不用说我，全意大利也没有人喜欢这种沉闷乏味、无理取闹的作品。什么罪恶与死亡的结合，什么罪恶生产的毒蛇[③]，只要品味比较文雅一些的人都会看了作呕，他描写病院的长篇大论，只配筑坟墓的工人去念[④]。这部晦涩、离奇、丑恶的诗集，一出世就教人瞧不起；我现在对待他的态度，跟他同时代的本国人一样。并且，我只知道说出自己的思想，决不理会别人是否跟我一般思想。”

老实人听了这话大为懊丧；他是敬重荷马，也有点儿喜欢弥尔敦的。他轻轻地对玛丁道：“唉，我怕这家伙对我们的德国诗人也不胜

---

① 魔鬼虽从基督教观念中来，塔索写之仍用异教徒笔法，与古代拉丁诗人同；不若弥尔敦之形容魔鬼，高踞于地狱之中，横卧于火湖之上，半沉半浮，身遭缧绁。以纯粹古典趣味之伏尔泰观之，弥尔敦与塔索之描写，自有雅俗之分。魔鬼有许多名字，吕西番其一也。

② 阿利渥斯托在《狂怒的洛朗》（在意大利文则为《狂怒的奥朗多》）中曾谓弗列查（Friza）之王有一兵器（火枪），举世莫敌。弥尔敦于《失乐园》中称魔鬼发明枪炮以攻天堂。

③ 此为伏尔泰误忆。《失乐园》第十卷中仅言罪恶与死在地狱中等候，一知撒旦诱致亚当与夏娃堕落一事成功，即结伴同贺，并未提及结婚。撒旦返地狱，自夸功绩，上帝罚之忽为蛇形，手下诸魔亦变为蛇，并非罪恶所生产。

④ 《失乐园》第十一卷，天使弥盖尔示亚当以将来世界，有病院中各种呻吟痛苦之状。

鄙薄呢。”

玛丁道：“那也何妨？”

老实人又喃喃说道：“噢！了不起的人物！这波谷居朗泰竟是个大天才！他对什么都不中意。”

他们把书题过目完了，下楼到花园里去。老实人把园子的美丽极口称赞了一番。

主人道：“这花园恶俗不堪；只有些无聊东西；明儿我就叫人另起一所，布置得高雅一些。”

两位好奇的客人向元老告辞了，老实人对玛丁说：“喂！这一回你总得承认见到了一个最快乐的人吧？因为他一无所惑，超脱一切。”

玛丁道：“你不看见他对自己所有的东西都厌恶吗？柏拉图早说过，这个不吃那个不受的胃，决不是最强健的胃。”

老实人道：“能批评一切，把别人认为美妙的东西找出缺点来，不也是一种乐趣吗？”

玛丁回答：“就是说把没有乐趣当作乐趣，是不是？”

老实人叫道：“啊！世界上只有我是快乐的，只要能和居内贡小姐相会。”

“能够有希望总是好的。”玛丁回答。

可是几天过去了，几星期过去了，加刚菩始终不回来。老实人陷在痛苦之中；甚至巴该德和奚罗弗莱修士谢都没来谢一声，他也不以为意。

第二十六章　老实人与玛丁和六个外国人同席，外国人的身份

一天晚上，老实人和玛丁两人正要和几个同寓的外国人吃饭，一个皮色像煤烟似的人从后面过来，抓着他的手臂，说道："请你准备停当，跟我们一起走，别错过了。"

老实人掉过头来，一看是加刚菩。他惊喜交集的情绪，只比见到居内贡差一点儿。他几乎快乐得发疯，把朋友拥抱着，叫道："啊！居内贡一定在这里了，在哪儿呢？快点儿带我去，让我跟她一块儿欢天喜地地快活一阵。"

加刚菩道："居内贡不在这里，她在君士坦丁堡。"

"啊！天哪！在君士坦丁堡！不过哪怕她在中国，我也要插翅飞去；咱们走吧。"

加刚菩答道："我们吃过晚饭才走，现在不能多谈；我做了奴隶，主人等着我；我得侍候他用餐；别多讲话；快去吃饭，准备出发。"

老实人一半快乐一半痛苦：高兴的是遇到了他忠心的使者，奇怪的是加刚菩变了奴隶；他只想着跟情人相会，心乱得很，头脑搅昏

了。当下他去吃饭，同桌的是玛丁——他看到这些事，态度是很冷静的——还有到佛尼市来过狂欢节的六个外国人。

加刚菩替内中的一个外国人管斟酒，席终走近他的主人，凑着耳朵说道："陛下随时可以动身了，船已经准备停当。"说完便出去了。

同桌的人诧异之下，一声不出，彼此望了望。另外一个仆人走近他的主人，说道："陛下的包车在巴杜等着，渡船已经准备好了。"主人点点头，仆人走了。

同桌的人又彼此望了望，觉得更奇怪了。第三个用人也走近第三个外国人，说道："陛下不能多留了：我现在就去准备一切。"说完也马上走了。

老实人和玛丁，以为那是狂欢节中乔装取笑的玩意儿。第四个仆人和第四个主人说："陛下随时可以动身了。"然后和别人一样，出去了。第五个用人对第五个主人也是这一套。但第六个用人，对坐在老实人旁边的第六个主人说的话大不相同："陛下，人家不肯再赊账了；今天晚上我和陛下都可能被关进监狱；我现在去料理一些私事，再见吧。"

六个仆人都走了，老实人、玛丁和六个外国人都肃静无声。最后，老实人忍不住开口道："诸位，这个取笑的玩意儿真怪，为什么这个那个，你们全是国王呢？老实说，我和玛丁两个可不是。"

加刚菩的主人一本正经用意大利文说道："我不是开玩笑，我是阿赫美特三世，做过好几年苏丹；我篡了我哥哥的王位，我的侄儿又篡了我的王位；我的宰相都被砍了头，我如今在冷宫里养老。我的侄儿穆罕默德苏丹有时让我出门疗养，这一回是到佛尼市来过狂欢节的。”

阿赫美特旁边的一个青年接着说：“我叫作伊凡，从前是俄罗斯皇帝，在摇篮中就被篡位了；父母都被幽禁，我是在牢里长大的；有时我可以由看守的人陪着，出门游历；这一回是到佛尼市来过狂欢节的。”

第三个人说道：“我是英王查理-爱德华；父亲把王位让给我，我奋力作战维持我的权力；人家把我手下的八百党羽挖出心来，打在他们脸上，把我下了狱。现在我要上罗马去看我的父王，他跟我和我的祖父一样是被篡位的。这回我到佛尼市来过狂欢节。”

第四个接着说：“我是波拉葛[①]的王；因为战事失利，丢了世袭的国土；我父亲也是同样的遭遇，如今我听天由命，像阿赫美特苏丹、伊凡皇帝、英王查理-爱德华一样，但愿上帝保佑他们长寿；这回我是到佛尼市来过狂欢节的。”

第五个说：“我也是波拉葛的王，丢了两次王位；但上帝给了我另外一个行业，我做的好事，超过所有萨尔玛德王在维斯丢拉河边做的全部好事；我也是听天由命；这一回是到佛尼市来过狂欢节的。”

那时轮到第六个王说话了。他说道：“诸位，我不是像你们那样的天潢贵胄；但也做过王，像别的王一样。我叫作丹沃陶，高斯人立我为王。当初人家称我陛下，现在称我先生都很勉强。我铸过货币，

① 十七世纪时服役法国的波兰骑兵叫作波拉葛。

如今囊无分文；有过两位国务大臣，结果只剩一个跟班；我登过宝座，后来却在伦敦坐了多年的牢，睡在草垫上。我很怕在这儿会受到同样的待遇，虽则我和诸位陛下一样，是到佛尼市来过狂欢节的。”

其余五个王听了这番话非常同情，每人送了二十金洋给丹沃陶添置内外衣服。老实人送了价值两千金洋的一枚钻石。

五个王问道：“这位是谁？一个平民居然拿得出一百倍于你我的钱，而且肯随便送人！”

离开饭桌的时候，旅馆里又到了四位太子殿下，也是因战事失利，丢了国家，到佛尼市来过最后几天的狂欢节的。老实人对新来的客人根本没注意。他一心只想到君士坦丁堡去见他心爱的居内贡。

第二十七章　老实人往君士坦丁堡

忠心的加刚菩，和载送阿赫美特苏丹回君士坦丁堡的船主讲妥，让老实人和玛丁搭船同行。老实人和玛丁向落难的苏丹磕过头，便出发上船。一路老实人对玛丁说："你瞧，和我们一同吃饭的竟有六个废王，内中一个还受我布施。更不幸的王侯，说不定还有许多。我啊，我不过丢了一百头绵羊，现在却是飞到居内贡怀抱中去了。亲爱的玛丁，邦葛罗斯毕竟说得不错：万事大吉。"

玛丁道："但愿如此。"

老实人道："可是我们在佛尼市遇到的事也真怪。六位废王在客店里吃饭，不是见所未见、闻所未闻吗？"

玛丁答道："也未必比我们别的遭遇更奇。国王被篡位是常事；我们叨陪末座，和他们同席，也没什么了不起，不足挂齿。"

老实人一上船，就搂着他从前的当差、好朋友加刚菩的脖子。他说："哎，居内贡怎么啦？还是那么姿容绝世吗？照旧爱我吗？她身体怎样？你大概在君士坦丁堡替她买了一所行宫吧？"

加刚菩回答："亲爱的主人，居内贡在普罗篷提特海边洗碗，在一位并没多少碗盏的废王家里当奴隶；废王名叫拉谷斯基，每天从土耳其皇帝手里领三块钱过活；更可叹的是，居内贡变得奇丑无比了。"

老实人道："啊，美也罢，丑也罢，我是君子人，我的责任是对她始终如一。但你带着五六百万，怎么她还会落到这般田地？"

加刚菩道："唉，我不是先得送布韦诺斯·爱累斯总督两百万，赎出居内贡吗？余下的不是全给一个海盗好不英勇地抢了去吗？那海盗不是把我们带到马塔班海角，带到弥罗，带到尼加利阿，带到萨摩斯，带到彼特拉，带到达达尼尔，带到斯康塔里吗？临了，居内贡和老婆子两人落在我刚才讲的废王手里，我做了前任苏丹的奴隶。"

老实人道："哎哟，祸不单行，一连串的倒霉事儿何其多啊！幸而我还有几颗钻石，不难替居内贡赎身。可惜她人变丑了。"

他接着问玛丁："我跟阿赫美特苏丹、伊凡皇帝、英王查理-爱德华，你究竟觉得哪一个更可怜？"

玛丁道："我不知道，除非我钻在你们肚里。"

老实人说："啊，要是邦葛罗斯在这里，就能告诉我了。"

玛丁道："我不知道你那邦葛罗斯用什么秤，称得出人的灾难和痛苦。我只相信地球上有几千几百万的人，比英王查理-爱德华、伊凡皇帝和阿赫美特苏丹不知可怜多少倍。"

"那很可能。"老实人说。

不多几天，他们进入黑海的运河。老实人花了很大的价钱赎出加刚菩，随即带着同伴改搭一条苦役船，到普罗篷提特海岸去寻访居内贡，不管她丑成怎样。

船上的桨手队里有两名苦役犯，划桨的手艺很差；船主是个小亚细亚人，不时用牛筋鞭子抽着那两个桨手的赤露的背。老实人无意中把他们特别细瞧了一会，不胜怜悯地走近前去。他觉得他们完全破相的脸上，某些地方有点儿像邦葛罗斯和那不幸的耶稣会士，就是那位男爵，居内贡小姐的哥哥。这印象使他心中一动，而且很难过，把他们瞧得更仔细了。他和加刚菩道："真的，要不是我眼看邦葛罗斯被吊死，要不是我一时糊涂，亲手把男爵杀死，我竟要相信这两个划桨的就是他们了。"

听到男爵和邦葛罗斯的名字，两个苦役犯大叫一声，放下了桨，呆在凳上不动了。船主奔过来，越发鞭如雨下。

老实人叫道："先生，别打了，别打了；你要多少钱我都给。"

一个苦役犯嚷道："怎么！是老实人！"

另外一个也道："怎么！是老实人！"

老实人道："我莫非做梦不成？我究竟醒着还是睡着？我是在这条船上吗？这是我杀死的男爵吗？这是我眼看被吊死的邦葛罗斯大师吗？"

两人回答："是我们啊，是我们啊。"

玛丁问："怎么，那位大哲学家就在这儿？"

老实人道："喂，船主，我要赎出森特-登-脱龙克男爵，日耳曼帝国最有地位的一个男爵，还有全日耳曼最深刻的玄学家邦葛罗斯先生。你要多少钱？"

船主答道："狗东西的基督徒！既然这两条苦役狗是什么男爵，什么玄学大家，那一定是他们国内的大人物了；我要五万金洋！"

"行！先生；赶快送我上君士坦丁堡，越快越好，到了那里我马上付钱。啊，不，你得带我上居内贡小姐那儿。"

船主听到老实人要求赎出奴隶，早已掉转船头，向君士坦丁堡进发，教手下的人划得比飞鸟还快。

老实人把男爵和邦葛罗斯拥抱了上百次——"亲爱的男爵，怎么我没有把你杀死的？亲爱的邦葛罗斯，怎么你吊死以后还活着的？你们俩又怎么都在土耳其船上做苦役的？"

男爵道："我亲爱的妹妹果真在这里吗？"

"是的。"加刚菩回答。

邦葛罗斯嚷道："啊，我又见到我亲爱的老实人了。"

老实人把玛丁和加刚菩向他们介绍了。他们都互相拥抱，抢着说话。船飞一般地向前，已经到岸了。他们叫来一个犹太人，老实人把一颗价值十万的钻石卖了五万，犹太人还用亚伯拉罕的名字赌咒，说无论如何不能多给了。老实人立刻付了男爵和邦葛罗斯的身价。邦葛罗斯扑在地下，把恩人脚上洒满了眼泪；男爵只点点头表示谢意，答应一有机会就偿还这笔款子。他说："我的妹子可是真的在土耳其？"

加刚菩答道："一点儿不假，她在一位德朗西未尼阿的废王家里洗碗。"

他们又找来两个犹太人，老实人又卖了两颗钻，然后一齐搭着另外一条船去赎居内贡。

第二十八章　老实人、居内贡、邦葛罗斯和玛丁等等的遭遇

老实人对男爵道："对不起，男爵，对不起，神父，请你原谅我把你一剑从前胸戳到后背。"

男爵道："别提了；我承认当时我火气大了一些；但你既然要知道我怎么会罚做苦役的，我就告诉你听。我的伤口经会里的司药修士医好之后，一队西班牙兵来偷袭，把我活捉了，下在布韦诺斯·爱累斯牢里，那时我妹妹正好离开那儿。我要求遣回罗马总会。总会派我到驻君士坦丁堡的法国大使身边当随从司祭。到任不满八天，有个晚上遇到一位宫中侍从，年纪很轻，长得很美。天热得厉害，那青年想洗澡；我也借此机会洗澡。谁知一个基督徒和一个年轻的回教徒光着身子在一起，算是犯了大罪。法官教人把我脚底打了一百板子，罚做苦役。我不信世界上还有比这个更冤枉的事。但我很想知道，为什么我妹妹替一个亡命在土耳其的德朗西未尼阿废王当厨娘？"

老实人道："那么你呢，亲爱的邦葛罗斯，怎么我又会见到你呢？"

邦葛罗斯道："不错，你是看我吊死的；照例我是应当烧死的；可

是你记得，他们正要动手烧我，忽然下起雨来；雨势猛烈，没法点火；他们无可奈何，只得把我吊死了事。一个外科医生买了我的尸体，拿回去解剖。他先把我从肚脐到锁骨，一横一直划了两刀。我那次吊死的手续，做得再糟糕没有。执行异教裁判所救世大业的是个副司祭，烧死人的本领的确天下无双，但吊人的工作没做惯：绳子浸饱了雨水，不大滑溜了，中间又打了结；因此我还有一口气。两刀划下来，我不禁大叫一声，那外科医生仰面朝天摔了一跤，以为解剖到一个魔鬼了，吓得掉过身了就逃，在楼梯上又栽了一个筋斗。他的女人听见叫喊，从隔壁房里跑来，看我身上划着两刀躺在桌上，比她丈夫吓得更厉害，赶紧逃走，跌在丈夫身上。等到他们惊魂略定，那女的对外科医生说，'朋友，怎么你心血来潮，会解剖一个邪教徒的？你不知道这些人老有魔鬼附身吗？让我马上去找个教士来念咒退邪。'一听这话，我急坏了，拼着最后一些气力叫救命。终于那葡萄牙理发匠[①]大着胆子，把我伤口缝起来，连他的女人也来照顾我了；半个月以后我下了床。理发匠帮我谋了一个差事，荐给一个玛德会修士做跟班，随他上佛尼市；但那主人付不出工钱，我就去侍候一个佛尼市商人，跟他到君士坦丁堡。

"有一天我一时高兴，走进一座清真寺。寺中只有一个老法师，还有一个年轻貌美的信女在那里念念有词。她袒着胸部，两个乳头之间缀着一个美丽的花球，其中有郁金香，有蔷薇，有白头苗，有

① 自中古时代起，欧洲的外科手术大多操于理发匠之手；法国直至一七四三年，路易十五始下诏将外科医生与理发匠二业完全分离。

土大黄，有风信子，有莲馨花。她一不留神，把花球掉在地下，我急忙捡起，恭恭敬敬替她放回原处。我放回原处的时间太久了些，恼了老法师；他一知道我是基督徒，就叫出人来，带我去见法官。法官着人把我脚底打了一百板子，罚做苦役。我恰好和男爵同时锁在一条船上，一条凳上。同船有四个马赛青年、五个拿波里教士、两个科孚岛上的修士，都说这一类的事每天都有。男爵认为他的案子比我的更冤枉；我呢，我认为替一个女人把花球放回原处，不像跟一个侍从官光着身子在一起那样有失体统。我们为此争辩不已，每天要挨二十鞭子；不料凡事皆有定数，你居然搭着我们的船，把我们赎了出来。”

老实人问他：“那么，亲爱的邦葛罗斯，你被吊死、解剖、鞭打、罚做苦工的时候，是不是还认为天下事尽善尽美呢？”

邦葛罗斯答道：“我的信心始终不变，因为我是哲学家，不便出尔反尔。莱布尼兹的话不会错的，先天谐和的学说，跟空间皆是实体和奇妙的物质等等，同样是世界上的至理名言[①]。”

---

① 先天谐和（又译“预定调和”）为德国哲学家莱布尼兹（一六四六至一七一六）解释宇宙之学说；本书中常常提到天下事尽善尽美的话，亦系莱布尼兹之说。奇妙的物质为笛卡儿解释万物动力的学说，谓宇宙间到处皆有一种液质推动万物。

第二十九章　老实人怎样和居内贡与老婆子相会

老实人、男爵、邦葛罗斯、玛丁和加刚菩，讲着他们的经历，谈着世界上一切偶然的或非偶然的事故，讨论着因果关系，精神痛苦与物质痛苦，自由与命运，在土耳其商船上如何自慰等等，终于到了普罗篷提特海边上，德朗西未尼阿王的屋子前面。一眼望去，先就看到居内贡和老婆子在绳上晾饭巾。

男爵一见，脸就白了。多情的老实人，看到他美丽的居内贡皮肤变成棕色，眼中全是血筋，乳房干瘪了，满脸皱纹，通红的手臂长满着鱼鳞般的硬皮，不由得毛发悚然，倒退了几步；然后为了礼貌关系，只得走近前去。居内贡把老实人和她的哥哥拥抱了；大家也拥抱了老婆子。老实人把她们俩都赎了出来。

附近有一块分种田；老婆子劝老实人暂且拿下，等日后大家时来运转，再做计较。居内贡不知道自己变丑了，也没有一个人向她道破：她和老实人提到当年的婚约，口气那么坚决，忠厚的老实人竟不敢拒绝。他便通知男爵，说要和他的妹子结婚了。

男爵道:“像她那样的下流，像你那样的狂妄，我万万不能容忍；我决不为这桩玷辱门楣的事分担责任，我妹妹的儿女将来永远不能写上德国的贵族谱。告诉你，我的妹子只能嫁给一个德国的男爵。”

居内贡倒在他脚下，哭着哀求；他执意不允。

老实人对他说:“你疯了；我把你救出苦役，付了你的身价，付了你妹妹的身价；她在这儿替人洗碗，变得这么丑，我好心娶她为妻，你倒胆敢拒绝；逞我性子，恨不得把你再杀一次才好！”

男爵道:“再杀就再杀；要我活着答应你娶我的妹子，可是休想。”

第三十章　结局

老实人其实绝无意思和居内贡结婚。但男爵的蛮横恼了他，觉得非结婚不可了。何况居内贡逼得那么紧，他也不便翻悔。他跟邦葛罗斯、玛丁和忠心的加刚菩商量。邦葛罗斯写了一篇出色的论文，证明男爵绝无权干涉妹子的事；她依照德国所有的法律，尽可嫁给老实人。玛丁主张把男爵扔在海里；加刚菩主张送还给小亚细亚船主，仍旧教他做苦工；有了便船，再送回罗马，交给他的总会会长。大家觉得这主意挺好，老婆子也赞成，便瞒着妹子，花了些钱把这件事办妥了：教一个耶稣会士吃些苦，把一个骄傲的德国男爵惩罚一下，谁都觉得高兴。

经过了这许多患难，老实人和情人结了婚，跟哲学家邦葛罗斯、哲学家玛丁、机灵的加刚菩和老婆子住在一起，又从古印加人那儿带了那么多钻石回来，据我们想象，老实人应当过着世界上最愉快的生活了。但他被犹太人一再拐骗，除掉那块分种田以外已经一无所有。他的女人一天丑似一天，变得性情暴戾，谁都见了头痛；老婆子本来是残废的人，那时比居内贡脾气更坏。加刚菩种着园地，挑菜上君士坦丁堡去卖，操劳过度，整天怨命。邦葛罗斯因为不能在德国什么大学里一露锋芒，苦闷不堪。玛丁认定一个人到处都是受罪，也就耐着性子。

老实人、玛丁、邦葛罗斯，偶尔谈玄说理，讨论讨论道德问题。窗下常常看见一些船只，载着当地的贵族、官员、祭司，充军到来姆诺斯、米底兰纳、埃斯卢姆。又看见一些别的祭司、贵族、官员来接任，然后再受流配。也看到一些包扎得挺好的人头送往大苏丹的宫门。这些景象增加了他们辩论的题材；不辩论的时候，大家就厌烦得要死，甚至有一天老婆子问他们："我要知道，被黑人海盗强奸一百次，割掉半个屁股，被保加利亚人鞭打，在功德大会中挨板子，上吊，被解剖，在苦役船上划桨，受尽我们大家所受的苦难，跟住在这儿一无所事比起来，究竟哪一样更难受？"

老实人道："嗯，这倒是个大问题。"

这一席话又引起众人新的感想。玛丁下了断语，说人天生只有两条路：不是在忧急骚动中讨生活，便是在烦闷无聊中挨日子。老实人不同意这话，但提不出别的主张。邦葛罗斯承认自己一生苦不堪言；可是一朝说过了世界上样样十全十美，只能一口咬定，坚持到底，虽则骨子里完全不信。

那时又出了一件事，使玛丁那种泄气的论调多了一个佐证，使老实人更加彷徨，邦葛罗斯更不容易自圆其说。有一天他们看见巴该德和奚罗弗莱修士狼狈不堪，走到他们的分种田上来。两人把三千银洋很快就吃完了，一忽儿分手，一忽儿讲和，一忽儿吵架，坐牢，越狱，奚罗弗莱终于改信了回教。巴该德到处流浪，继续做她的买卖，一个钱也挣不到了。

玛丁对老实人道："我早跟你说的，你送的礼不久就会花光，他们的生活倒反更苦。你和加刚菩发过大财，有过几百万银洋，却并没比巴该德和奚罗弗莱更快活。"

邦葛罗斯和巴该德说："啊，啊，可怜的孩子，你又到我们这儿来了，大概是天意吧！你知道没有，你害我损失了一个鼻尖、一只眼睛和一只耳朵？如今你也完啦！这世界真是怎么回事啊！"

这件新鲜事儿，使众人对穷通祸福越发讨论不完。

附近住着一位大名鼎鼎的回教修士，被公认为土耳其最有智慧的哲学家；他们去向他请教，由邦葛罗斯代表发言，说道："师傅，请你告诉我们，世界上为什么要生出人这样一种古怪的动物？"

修道士回答："你问这个干什么？你管它做什么？"

老实人道："可是，大法师，地球上满目疮痍，到处都是灾祸啊。"

修道士说："福也罢，祸也罢，有什么关系？咱们的苏丹打发一条船到埃及去，可曾关心船上的耗子舒服不舒服？"

邦葛罗斯道："那么应当怎办呢？"

修道士说："闭上你的嘴。"

邦葛罗斯道："我希望和你谈谈因果，谈谈十全十美的世界、罪恶的根源、灵魂的性质、先天的谐和。"

修道士听了这话，把门劈面关上了。

谈话之间，听到一个消息，说君士坦丁堡绞死了两个枢密大臣、一个大司祭；他们不少朋友都受了木柱洞腹的极刑。几小时以内，这桩可怕的事沸沸扬扬，传遍各地。邦葛罗斯、老实人、玛丁在回去的路上遇到一个和善的老人，在门外橘树荫下乘凉。邦葛罗斯好奇不亚于好辩，向老人打听那绞死的大司祭叫甚名字，老人回答：“我素来不知道大司祭等等姓甚名谁。你说的那件事，我根本不晓得。我认为顾问公家事情的人，有时会死于非命，这也是他们活该。我从来不打听君士坦丁堡的事；我不过把园子里种出来的果子送去卖。”

他说着把这几个外乡人让进屋子，两个儿子和两个女儿端出好几种自制的果子露敬客，还有糖渍的佛手、橘子、柠檬、菠萝、花生，纯粹的莫加咖啡，不羼一点儿巴太维亚和中美洲群岛的坏咖啡的。回教徒的两个女儿又替老实人、邦葛罗斯、玛丁胡子上喷了香水。

老实人问土耳其人：“想必你有一大块良田美产了？”

土耳其人回答：“我只有二十阿尔邦地[①]；我亲自和孩子们耕种；工作可以使我们免除三大害处：烦闷，纵欲，饥寒。”

老实人回到自己田庄上，把土耳其人的话深思了一番，对邦葛罗斯和玛丁说道：“那个慈祥的老头儿安排的生活，我觉得比和我们

---

① 一阿尔邦等于五十亩，每亩等于一百方尺。

同席的六位国王好多了。”

邦葛罗斯道：“根据所有哲学家的说法，荣华富贵、权势地位，都是非常危险的；摩阿布的王埃格隆被阿奥特所杀；阿布萨隆被吊着头发缢死，身上还戳了三枪；泽罗菩阿姆的儿子内达布王，死于巴萨之手；伊拉王死于萨勃利之手；奥谷齐阿斯死于奚于；阿太里亚死于约伊阿达；约金、奚谷尼阿斯、赛台西阿斯诸王，都沦为奴隶[①]。至于克雷絮斯、阿斯蒂阿琪、大流士、西拉叩斯的特尼、彼拉斯、班尔赛、汉尼拔、朱革塔、阿利俄维斯塔、恺撒、庞培、尼罗、奥东、维德卢维阿斯、多密喜安[②]，英王理查二世、爱德华二世、亨利四世、理查三世、玛丽·斯丢阿德、查理一世，法国的三个亨利，罗马日耳曼皇帝亨利四世，他们怎样结局，你是都知道的。你知道……”

老实人说：“是的，我还知道应当种我们的园地。”

邦葛罗斯道：“你说得很对。上帝把人放进伊甸园是叫他当工人，要他工作的；足见人天生不是能清闲度日的。”

玛丁道：“少废话，咱们工作吧；唯有工作，日子才好过。”

那小团体里的人一致赞成这个好主意，便各人拿出本领来。小小的土地出产很多。居内贡固然奇丑无比，但变了一个做糕饼的能手；巴该德管绣作；老婆子管内衣被褥。连奚罗弗莱也没有闲着，他变了一个很能干的木匠，做人也规矩了。

---

① 以上均系古希伯来族的王，见《圣经》。

② 以上均为自利提亚起至罗马帝国为止的国王、将军及皇帝。

有时邦葛罗斯对老实人说：“在这个十全十美的世界上，所有的事情都是互相关联的；你要不是为了爱居内贡小姐，被人踢着屁股从美丽的宫堡中赶出来，要不是受到异教裁判所的刑罚，要不是徒步跋涉美洲，要不是狠狠地刺了男爵一剑，要不是把美好的黄金国的绵羊一齐丢掉，你就不能在这儿吃花生和糖渍佛手。”

老实人道：“说得很妙；可是种咱们的园地要紧。”

书号	书名	定价	作者
9787544745048	哈姆雷特	22.00	（英国）威廉·莎士比亚
9787544744560	奥赛罗	20.00	（英国）威廉·莎士比亚
9787544744829	李尔王	22.80	（英国）威廉·莎士比亚
9787544744812	麦克白	19.80	（英国）威廉·莎士比亚
9787544745055	威尼斯商人	19.80	（英国）威廉·莎士比亚
9787544745895	无事生非	20.00	（英国）威廉·莎士比亚
9787544711104	仲夏夜之梦	22.80	（英国）威廉·莎士比亚
9787544731386	第十二夜	21.80	（英国）威廉·莎士比亚
9787544746618	罗密欧与朱丽叶	22.80	（英国）威廉·莎士比亚
9787544726207	鲁滨孙漂流记	38.80	（英国）丹尼尔·笛福
9787544726092	双城记	48.80	（英国）查尔斯·狄更斯
9787544724661	雾都孤儿	49.80	（英国）查尔斯·狄更斯
9787544723473	呼啸山庄	36.80	（英国）艾米莉·勃朗特
9787544727655	简·爱	39.80	（英国）夏洛蒂·勃朗特
9787544723220	傲慢与偏见	39.80	（英国）简·奥斯汀
9787544738668	理智与情感	49.80	（英国）简·奥斯汀
9787544752909	劝导	38.80	（英国）简·奥斯汀
9787544755207	诺桑觉寺	34.80	（英国）简·奥斯汀
9787544736114	夜莺与玫瑰	20.00	（英国）奥斯卡·王尔德
9787544724852	道林·格雷的画像	32.80	（英国）奥斯卡·王尔德
9787544754194	莎乐美	22.00	（英国）奥斯卡·王尔德
9787544720748	动物庄园	18.00	（英国）乔治·奥威尔
9787544720021	一九八四	29.80	（英国）乔治·奥威尔
9787544713115	巴黎伦敦落魄记	29.80	（英国）乔治·奥威尔
9787544750226	上来透口气	34.80	（英国）乔治·奥威尔
9787544744799	恋爱中的女人	56.00	（英国）D. H. 劳伦斯
9787544724081	儿子与情人	49.80	（英国）D. H. 劳伦斯
9787544754682	美丽新世界	32.80	（英国）奥尔德斯·赫胥黎

书号	书名	定价	作者
9787544756983	伍尔夫读书随笔	26.80	(英国)弗吉尼亚·伍尔夫
9787544731812	培根论说文集	28.00	(英国)弗朗西斯·培根
9787544755269	曼殊斐尔小说集	18.80	(英国)曼殊菲尔
9787544726115	格列佛游记	39.00	(英国)乔纳森·斯威夫特
9787544750455	小人物日记	20.00	(英国)乔治·格罗史密斯,威登·格罗史密斯
9787544759250	像爱丽丝的小镇	45.00	(英国)内维尔·舒特
9787544725125	勃朗宁夫人十四行诗	19.80	(英国)伊丽莎白·勃朗宁
9787544720267	泰戈尔诗选	20.00	(印度)泰戈尔
9787544723657	马克·吐温中短篇小说选	38.80	(美国)马克·吐温
9787544750660	汤姆·索亚历险记	34.80	(美国)马克·吐温
9787544751087	哈克贝利·费恩历险记	38.80	(美国)马克·吐温
9787544723213	欧·亨利中短篇小说选	36.80	(美国)欧·亨利
9787544723107	野性的呼唤	18.00	(美国)杰克·伦敦
9787544726122	海狼	39.00	(美国)杰克·伦敦
9787544726436	了不起的盖茨比	26.80	(美国)F. S. 菲茨杰拉德
9787544722568	红字	28.80	(美国)纳撒尼尔·霍桑
9787544738859	老人与海	22.00	(美国)欧内斯特·海明威
9787544733915	太阳照常升起	29.80	(美国)欧内斯特·海明威
9787544733380	永别了,武器	32.80	(美国)欧内斯特·海明威
9787544726627	爱伦·坡短篇小说选	37.80	(美国)爱伦·坡
9787544723206	嘉莉妹妹	42.80	(美国)西奥多·德莱塞
9787544724654	都柏林人	34.80	(爱尔兰)詹姆斯·乔伊斯
9787544759717	一个青年艺术家的画像	36.80	(爱尔兰)詹姆斯·乔伊斯
9787544745857	一个陌生女人的来信	38.00	(奥地利)斯蒂芬·茨威格
9787544758659	少年维特的烦恼	26.80	(德国)歌德
9787544720236	契诃夫中短篇小说选	29.80	(俄罗斯)安东·契诃夫
9787544728409	克雷洛夫寓言选	22.80	(俄罗斯)克雷洛夫
9787544760195	父与子	38.80	(俄罗斯)屠格涅夫
9787544746441	猎人笔记	46.00	(俄罗斯)屠格涅夫

书号	书名	定价	作者
9787544723015	白夜	28.80	（俄罗斯）陀思妥耶夫斯基
9787544727761	红与黑	49.80	（法国）司汤达
9787544723725	茶花女	29.80	（法国）小仲马
9787544725156	莫泊桑中短篇小说选	36.80	（法国）居伊·德·莫泊桑
9787544730129	最后一课——都德短篇小说选	23.80	（法国）阿尔封斯·都德
9787544748254	窄门	21.80	（法国）安德烈·纪德
9787544748223	田园交响曲	20.00	（法国）安德烈·纪德
9787544748230	背德者	21.80	（法国）安德烈·纪德
9787544722360	包法利夫人	36.80	（法国）古斯塔夫·福楼拜
9787544720243	沉思录	26.80	（古罗马）马可·奥勒留
9787544726429	里柯克幽默小品选	38.80	（加拿大）斯蒂芬·里柯克
9787544752916	先知·沙与沫	29.80	（黎巴嫩）纪伯伦
9787544758680	泪与笑	32.80	（黎巴嫩）纪伯伦
9787544738392	走出非洲	38.80	（丹麦）凯伦·布里克森
9787544743075	老残游记	32.80	（清）刘鹗
9787544741439	浮生六记	25.00	（清）沈复
9787544721028	假如给我三天光明	25.00	（美国）海伦·凯勒
9787544720274	爱的教育	29.80	（意大利）亚米契斯
9787544717793	安徒生童话	29.80	（丹麦）安徒生
9787544723589	小王子	19.80	（法国）圣埃克苏佩里
9787544761475	丛林故事	45.00	（英国）吉卜林
9787544722827	原来如此	18.00	（英国）吉卜林
9787544723794	爱丽丝漫游奇境记	28.80	（英国）刘易斯·卡罗尔
9787544752923	彼得·潘	26.80	（英国）J. M. 巴里
9787544757973	鹅妈妈的故事	22.80	（法国）沙尔·贝洛
9787544728164	小妇人	48.80	（美国）L. M. 奥尔科特
9787544752626	绿山墙的安妮	38.00	（加拿大）L. M. 蒙哥马利
9787544754910	小公主	28.80	（美国）弗朗西斯·伯内特
9787544755184	秘密花园	36.80	（美国）弗朗西斯·伯内特
9787544753821	黑骏马	32.80	（英国）安娜·塞维尔

书号	书名	定价	作者
9787544753838	怪医杜立德	22.80	(美国) 休·洛夫廷
9787544757720	小熊维尼	34.80	(英国) A. A. 米尔恩
9787544751919	小鹿斑比	26.80	(奥地利) F. 萨尔腾
9787544754217	柳林风声	29.80	(英国) 肯尼斯·格雷厄姆
9787544754200	奥兹国历险记	26.80	(美国) 莱曼·弗兰克·鲍姆
9787544754859	化身博士	19.80	(英国) 罗伯特·史蒂文森
9787544725071	金银岛	28.80	(英国) 罗伯特·史蒂文森
9787544727174	八十天环游地球	32.80	(法国) 儒勒·凡尔纳
9787544733069	海底两万里	46.80	(法国) 儒勒·凡尔纳
9787544734233	神秘岛	46.80	(法国) 儒勒·凡尔纳
9787544754187	地心游记	36.80	(法国) 儒勒·凡尔纳
9787544733649	时间机器	18.80	(英国) H. G. 威尔斯
9787544757430	失落的世界	35.80	(英国) 阿瑟·柯南·道尔
9787544755658	007经典原著系列：金手指	36.80	(英国) 伊恩·弗莱明
9787544733922	消失的地平线	25.00	(英国) 詹姆斯·希尔顿
9787544723305	社会契约论	18.80	(法国) 让－雅克·卢梭
9787544723299	忏悔录	25.80	(法国) 让－雅克·卢梭
9787544757751	论人类不平等的起源和基础	22.80	(法国) 让－雅克·卢梭
9787544725002	君主论	16.80	(意大利) 马基雅弗利
9787544735414	富兰克林自传	32.00	(美国) 本杰明·富兰克林
9787544720212	人性的弱点	29.80	(美国) 戴尔·卡耐基
9787544721011	人性的优点	32.80	(美国) 戴尔·卡耐基
9787544720250	致加西亚的信	16.00	(美国) 埃尔伯特·哈伯德
9787544757102	我们时代的神经症人格	29.80	(美国) 卡伦·霍妮
9787544754149	我们内心的冲突	28.80	(美国) 卡伦·霍妮
9787544731348	菊与刀	26.00	(美国) 露丝·本尼迪克特
9787544732239	中国人的气质	26.80	(美国) 明恩溥
9787544757393	月亮与六便士	39.80	(英国) 萨默塞特·毛姆
9787544754446	木偶奇遇记	26.80	(意大利) 卡洛·科洛迪

书号	书名	定价	作者
9787544771238	面纱	49.80	（英国）萨默塞特·毛姆
9787544765367	刀锋	45.00	（英国）萨默塞特·毛姆
9787544769501	生活的真相 ——毛姆短篇小说选	46.80	（英国）萨默塞特·毛姆
9787544765138	黑暗的心	24.80	（英国）约瑟夫·康拉德
9787544767590	墙上的斑点 ——伍尔夫短篇小说选	36.80	（英国）弗吉尼亚·伍尔夫
9787544763943	弗兰肯斯坦	34.80	（英国）玛丽·雪莱
9787544762700	居里夫人的故事	33.00	（英国）埃列娜·多丽
9787544771511	彼得兔的故事	38.00	（英国）毕翠克丝·波特
9787544762441	物种起源	49.80	（英国）达尔文
9787544764735	列那狐	26.80	（英国）威廉·卡克斯顿
9787544766395	狮子、女巫和魔衣柜	24.80	（英国）C. S. 刘易斯
9787544770996	凯斯宾王子	36.80	（英国）C. S. 刘易斯
9787544771412	坎特维尔的幽灵 ——奥斯卡·王尔德短篇小说选	36.80	（英国）奥斯卡·王尔德
9787544770569	莎士比亚十四行诗集	34.80	（英国）威廉·莎士比亚
9787544767286	摩尔·弗兰德斯	42.80	（英国）丹尼尔·笛福
9787544765350	马丁·伊登	49.00	（美国）杰克·伦敦
9787544770774	热爱生命 ——杰克·伦敦短篇小说选	39.80	（美国）杰克·伦敦
9787544766593	睡谷的传说 ——欧文奇幻短篇小说选	25.80	（美国）华盛顿·欧文
9787544764520	牧师的黑面纱 ——霍桑短篇小说集	33.80	（美国）纳撒尼尔·霍桑
9787544763868	乞力马扎罗的雪 ——海明威短篇小说选	49.80	（美国）欧内斯特·海明威
9787544765497	西尔维娅·普拉斯诗集	32.80	（美国）西尔维娅·普拉斯
9787544769402	波兰吹号手	36.80	（美国）埃里克·凯利
9787544768078	波莉安娜	35.80	（美国）埃莉诺·波特

书号	书名	定价	作者
9787544766685	彩虹鸽	26.80	（美国）达恩·葛帕·默克奇
9787544762755	小勋爵	29.80	（美国）弗朗西丝·伯内特
9787544765015	如何享受人生，享受工作	29.80	（美国）戴尔·卡耐基
9787544756655	股票大作手回忆录	38.00	（美国）埃德温·勒菲弗
9787544772327	伤心咖啡馆之歌	36.80	（美国）卡森·麦卡勒斯
9787544768054	公主的月亮 ——詹姆斯·瑟伯童话集	29.80	（美国）詹姆斯·瑟伯
9787544762656	吉檀迦利	24.80	（印度）泰戈尔
9787544763103	园丁集	28.00	（印度）泰戈尔
9787544765763	泰戈尔回忆录	32.80	（印度）泰戈尔
9787544767231	格林童话	35.00	（德国）雅各布·格林 威廉·格林
9787544763974	阴谋与爱情	26.80	（德国）弗里德里希·席勒
9787544772662	豪夫童话	59.80	（德国）威廉·豪夫
9787544765695	涡堤孩	22.00	（德国）莫特·福凯
9787544769198	高老头	42.80	（法国）巴尔扎克
9787544763837	昆虫记	35.80	（法国）让－亨利·法布尔
9787544766807	死魂灵	42.80	（俄国）尼古莱·果戈里
9787544770750	老屋子	36.80	（丹麦）卡尔·爱华尔德
9787544763875	小约翰	28.80	（荷兰）F. 望·藹覃
9787544765701	伊索寓言	29.80	（古希腊）伊索
9787544772075	青鸟	32.80	（比利时）梅特林克

图书在版编目（CIP）数据

老实人：汉英对照 / （法）伏尔泰著；傅雷译. —南京：译林出版社，2018.10

（双语译林 . 壹力文库）

ISBN 978-7-5447-7474-1

I. ①老… II. ①伏… ②傅… III. ①英语—汉语—对照读物 ②中篇小说—法国—近代 IV. ①H319.4：I

中国版本图书馆 CIP 数据核字（2018）第179590号

老实人 ［法国］伏尔泰 / 著　傅雷 / 译

责任编辑　王振华
特约编辑　赵丽娟
装帧设计　灵动视线
校　　对　刘文硕
责任印制　贺　伟

出版发行　译林出版社
地　　址　南京市湖南路 1 号 A 楼
邮　　箱　yilin@yilin.com
网　　址　www.yilin.com
市场热线　010-85376701
排　　版　灵动视线
印　　刷　三河市华润印刷有限公司
开　　本　640 毫米 ×960 毫米 1/16
印　　张　8.5
版　　次　2018 年 10 月第 1 版　2018 年 10 月第 1 次印刷
书　　号　ISBN 978-7-5447-7474-1
定　　价　34.80 元

CANDIDE

Voltaire

CONTENTS

Chapter 1 How Candide Was Brought Up in a Magnificent Castle and How He Was Driven Thence

In the country of Westphalia, in the castle of the most noble Baron of Thunder-ten-tronckh, lived a youth whom Nature had endowed with a most sweet disposition. His face was the true index of his mind. He had a solid judgment joined to the most unaffected simplicity; and hence, I presume, he had his name of Candide. The old servants of the house suspected him to have been the son of the Baron's sister, by a very good sort of a gentleman of the neighborhood, whom that young lady refused to marry, because he could produce no more than threescore and eleven quarterings in his arms; the rest of the genealogical tree belonging to the family having been lost through the injuries of time.

The Baron was one of the most powerful lords in Westphalia, for his castle had not only a gate, but even windows, and his great hall was hung with tapestry. He used to hunt with his mastiffs and spaniels instead of greyhounds; his groom served him for huntsman; and the parson of the parish officiated as his grand almoner. He was called "My Lord" by all his people, and he never told a story but everyone laughed at it.

My Lady Baroness, who weighed three hundred and fifty pounds, consequently was a person of no small consideration; and then she did the honors of the house with a dignity that commanded universal respect. Her daughter was about seventeen years of age, fresh-colored, comely, plump, and desirable. The Baron's son seemed to be a youth in every respect worthy of the father he sprung from. Pangloss, the preceptor, was the oracle of the family, and little Candide listened to his instructions with all the simplicity natural to his age and disposition.

Master Pangloss taught the metaphysico-theologo-cosmolonigology. He could prove to admiration that there is no effect without a cause; and, that in this best of all possible worlds, the Baron's castle was the most magnificent of all castles, and My Lady the best of all possible baronesses.

"It is demonstrable," said he, "that things cannot be otherwise than as they are; for as all things have been created for some end, they must necessarily be created for the best end. Observe, for instance, the nose is formed for spectacles, therefore we wear spectacles. The legs are visibly designed for stockings, accordingly we wear stockings. Stones were made to be hewn and to construct castles, therefore My Lord has a magnificent castle; for the greatest baron in the province ought to be the best lodged. Swine were intended to be eaten, therefore we eat pork all the year round: and they, who assert that everything is right, do not express themselves correctly; they should say that everything is best."

Candide listened attentively and believed implicitly, for he thought Miss Cunegund excessively handsome, though he never had the courage to tell her so. He concluded that next to the happiness of being Baron of Thunder-ten-tronckh, the next was that of being Miss Cunegund, the next that of seeing her every day, and the last that of hearing the doctrine of Master Pangloss, the greatest philosopher of the whole province, and consequently of the whole world.

One day when Miss Cunegund went to take a walk in a little neighboring wood which was called a park, she saw, through the bushes, the sage Doctor Pangloss giving a lecture in experimental philosophy to her mother's chambermaid, a little brown wench, very pretty, and very tractable. As Miss Cunegund had a great disposition for the sciences, she observed with the utmost attention the experiments which were repeated before her eyes; she perfectly well understood the force of the doctor's reasoning upon causes and effects. She retired greatly flurried, quite pensive and filled with the desire of knowledge, imagining that she might be a sufficing reason for young Candide, and he for her.

On her way back she happened to meet the young man; she blushed, he blushed also; she wished him a good morning in a flattering tone, he returned the salute, without knowing what he said. The next day, as they were rising from dinner, Cunegund and Candide slipped behind the screen. The miss dropped her handkerchief, the young man picked it up. She innocently took hold of his hand, and he as innocently kissed hers with a warmth, a sensibility, a grace-all very particular; their lips met; their eyes sparkled; their knees trembled; their hands strayed. The Baron chanced to come by; he beheld the cause and effect, and, without hesitation, saluted Candide with some notable kicks on the breech and drove him out of doors. The lovely Miss Cunegund fainted away, and, as soon as she came to herself, the Baroness boxed her ears. Thus a general consternation was spread over this most magnificent and most agreeable of all possible castles.

Chapter 2 What Befell Candide among the Bulgarians

Candide, thus driven out of this terrestrial paradise, rambled a long time without knowing where he went; sometimes he raised his eyes, all bedewed with tears, towards heaven, and sometimes he cast a melancholy look towards the magnificent castle, where dwelt the fairest of young baronesses. He laid himself down to sleep in a furrow, heartbroken, and supperless. The snow fell in great flakes, and, in the morning when he awoke, he was almost frozen to death; however, he made shift to crawl to the next town, which was called Wald-berghoff-trarbkdikdorff, without a penny in his pocket, and half dead with hunger and fatigue. He took up his stand at the door of an inn.

He had not been long there before two men dressed in blue fixed their eyes steadfastly upon him.

"Faith, comrade," said one of them to the other, "yonder is a well-made young fellow and of the right size." Upon which they made up to Candide and with the greatest civility and politeness invited him to dine with them.

"Gentlemen," replied Candide, with a most engaging modesty, "you do me much honor, but upon my word I have no money."

"Money, sir!" said one of the blues to him, "young persons of your appearance and merit never pay anything; why, are not you five feet five inches high?"

"Yes, gentlemen, that is really my size," replied he, with a low bow.

"Come then, sir, sit down along with us; we will not only pay your reckoning, but will never suffer such a clever young fellow as you to want money. Men were born to assist one another."

"You are perfectly right, gentlemen," said Candide, "this is precisely the doctrine of Master Pangloss; and I am convinced that everything is for the best."

His generous companions next entreated him to accept of a few crowns, which he readily complied with, at the same time offering them his note for the payment, which they refused, and sat down to table.

"Have you not a great affection for—"

"O yes! I have a great affection for the lovely Miss Cunegund."

"Maybe so," replied one of the blues, "but that is not the question! We ask you whether you have not a great affection for the King of the Bulgarians?"

"For the King of the Bulgarians?" said Candide. "Oh, Lord! Not at all, why I never saw him in my life."

"Is it possible? Oh, he is a most charming king! Come, we must drink his health."

"With all my heart, gentlemen," said Candide, and off he tossed his glass.

"Bravo!" cried the blues; "you are now the support, the defender, the hero of the Bulgarians; your fortune is made; you are in the high road to glory." So saying, they handcuffed him, and carried him away to the regiment. There he was made to wheel about to the right, to the left, to draw his rammer, to return his rammer, to present, to fire, to march, and they gave him thirty blows with a cane; the next day he performed his exercise a little better, and they gave him but twenty; the day following he came off with ten, and was looked upon as a young fellow of surprising genius by all his comrades.

Candide was struck with amazement, and could not for the soul of him conceive how he came to be a hero. One fine spring morning, he took it into his head to take a walk, and he marched straight forward, conceiving it to be a privilege of the human species, as well as of the brute creation, to make use of their legs how and when they pleased. He had not gone above two leagues when he was overtaken by four other heroes, six feet high, who bound him neck and heels, and carried him to a dungeon. A courtmartial sat upon him, and he was asked which he liked better, to run the gauntlet six and thirty times through the whole regiment, or to have his brains blown out with a dozen musket-balls?

In vain did he remonstrate to them that the human will is free, and that he chose neither; they obliged him to make a choice, and he determined, in virtue of that divine gift called free will, to run the gauntlet six and thirty times.

He had gone through his discipline twice, and the regiment being composed of 2,000 men, they composed for him exactly 4,000 strokes, which laid bare all his muscles and nerves from the nape of his neck to his stern. As they were preparing to make him set out the third time our young hero, unable to support it any longer, begged as a favor that they would be so obliging as to shoot him through the head; the favor being granted, a bandage was tied over his eyes, and he was made to kneel down.

At that very instant, His Bulgarian Majesty happening to pass by made a stop, and inquired into the delinquent's crime, and being a prince of great penetration, he found, from what he heard of Candide, that he was a young metaphysician, entirely ignorant of the world; and therefore, out of his great clemency, he condescended to pardon him, for which his name will be celebrated in every journal, and in every age. A skillful surgeon made a cure of the flagellated Candide in three weeks by means of emollient unguents prescribed by Dioscorides. His sores were now skimmed over and he was able to march, when the King of the Bulgarians gave battle to the King of the Abares.

Chapter 3 How Candide Escaped from the Bulgarians and What Befell Him Afterward

Never was anything so gallant, so well accoutred, so brilliant, and so finely disposed as the two armies. The trumpets, fifes, hautboys, drums, and cannon made such harmony as never was heard in Hell itself. The entertainment began by a discharge of cannon, which, in the twinkling of an eye, laid flat about 6,000 men on each side. The musket bullets swept away, out of the best of all possible worlds, nine or ten thousand scoundrels that infested its surface. The bayonet was next the sufficient reason of the deaths of several thousands. The whole might amount to thirty thousand souls. Candide trembled like a philosopher, and concealed himself as well as he could during this heroic butchery.

At length, while the two kings were causing Te Deums to be sung in their camps, Candide took a resolution to go and reason somewhere else upon causes and effects. After passing over heaps of dead or dying men, the first place he came to was a neighboring village, in the Abarian territories, which had been burned to the ground by the Bulgarians, agreeably to the laws of war. Here lay a number of old men covered with wounds, who beheld their wives dying with their throats cut, and hugging their children to their breasts, all stained with blood. There several young virgins, whose bodies had been ripped open, after they had satisfied the natural necessities of the Bulgarian heroes, breathed their last; while others, half-burned in the flames, begged to be dispatched out of the world. The ground about them was covered with the brains, arms, and legs of dead men.

Candide made all the haste he could to another village, which belonged to the Bulgarians, and there he found the heroic Abares had enacted the same tragedy. Thence continuing to walk over palpitating limbs, or through ruined buildings, at length he arrived beyond the theater of war, with a little provision in his budget, and Miss Cunegund's image in his heart. When he arrived in Holland his provision failed him; but having heard that the inhabitants of that country were all rich and Christians, he made himself sure of being treated by them in the same manner as the Baron's castle, before he had been driven thence through the power of Miss Cunegund's bright eyes.

He asked charity of several grave-looking people, who one and all answered him, that if he continued to follow this trade they would have him sent to the house of correction, where he should be taught to get his bread.

He next addressed himself to a person who had just come from haranguing a numerous assembly for a whole hour on the subject of charity. The orator, squinting at him under his broadbrimmed hat, asked him sternly, what brought him thither and whether he was for the good old cause?

"Sir," said Candide, in a submissive manner, "I conceive there can be no effect without a cause; everything is necessarily concatenated and arranged for the best. It was necessary that I should be banished from the presence of Miss Cunegund; that I should afterwards run the gauntlet; and it is necessary I should beg my bread, till I am able to get it. All this could not have been otherwise."

"Hark ye, friend," said the orator, "do you hold the Pope to be Antichrist?"

"Truly, I never heard anything about it," said Candide, "but whether he is or not, I am in want of something to eat."

"Thou deservest not to eat or to drink," replied the orator, "wretch, monster, that thou art! Hence! Avoid my sight, nor ever come near me again while thou livest."

The orator's wife happened to put her head out of the window at that instant, when, seeing a man who doubted whether the Pope was Antichrist, she discharged upon his head a utensil full of water. Good heavens, to what excess does religious zeal transport womankind!

A man who had never been christened, an honest Anabaptist named James, was witness to the cruel and ignominious treatment showed to one of his brethren, to a rational, two-footed, unfledged being. Moved with pity he carried him to his own house, caused him to be cleaned, gave him meat and drink, and made him a present of two florins, at the same time proposing to instruct him in his own trade of weaving Persian silks, which are fabricated in Holland.

Candide, penetrated with so much goodness, threw himself at his feet, crying, "Now I am convinced that my Master Pangloss told me truth when he said that everything was for the best in this world; for I am infinitely more affected with your extraordinary generosity than with the inhumanity of that gentleman in the black cloak and his wife."

Chapter 4 How Candide Found His Old Master Pangloss Again and What Happened to Him

The next day, as Candide was walking out, he met a beggar all covered with scabs, his eyes sunk in his head, the end of his nose eaten off, his mouth drawn on one side, his teeth as black as a cloak, snuffling and coughing most violently, and every time he attempted to spit out dropped a tooth.

Candide, divided between compassion and horror, but giving way to the former, bestowed on this shocking figure the two florins which the honest Anabaptist, James, had just before given to him. The specter looked at him very earnestly, shed tears and threw his arms about his neck. Candide started back aghast.

"Alas!" said the one wretch to the other, "don't you know dear Pangloss?"

"What do I hear? Is it you, my dear master! You I behold in this piteous plight? What dreadful misfortune has befallen you? What has made you leave the most magnificent and delightful of all castles? What has become of Miss Cunegund, the mirror of young ladies, and Nature's masterpiece?"

"Oh, Lord!" cried Pangloss, "I am so weak I cannot stand," upon which Candide instantly led him to the Anabaptist's stable, and procured him something to eat.

As soon as Pangloss had a little refreshed himself, Candide began to repeat his inquiries concerning Miss Cunegund.

"She is dead," replied the other.

"Dead!" cried Candide, and immediately fainted away; his friend restored him by the help of a little bad vinegar, which he found by chance in the stable.

Candide opened his eyes, and again repeated: "Dead! Is Miss Cunegund dead? Ah, where is the best of worlds now? But of what illness did she die? Was it of grief on seeing her father kick me out of his magnificent castle?"

"No," replied Pangloss, "her body was ripped open by the Bulgarian soldiers, after they had subjected her to as much cruelty as a damsel could survive; they knocked the Baron, her father, on the head for attempting to defend her; My Lady, her mother, was cut in pieces; my poor pupil was served just in the same manner as his sister; and as for the castle, they have not left one stone upon another; they have destroyed all the ducks, and sheep, the barns, and the trees; but we have had our revenge, for the Abares have done the very same thing in a neighboring barony, which belonged to a Bulgarian lord."

At hearing this, Candide fainted away a second time, but, not withstanding, having come to himself again, he said all that it became him to say; he inquired into the cause and effect, as well as into the sufficing reason that had reduced Pangloss to so miserable a condition.

"Alas," replied the preceptor, "it was love; love, the comfort of the human species; love, the preserver of the universe; the soul of all sensible beings; love! Tender love!"

"Alas," cried Candide, "I have had some knowledge of love myself, this sovereign of hearts, this soul of souls; yet it never cost me more than a kiss and twenty kicks on the backside. But how could this beautiful cause produce in you so hideous an effect?"

Pangloss made answer in these terms:

"O my dear Candide, you must remember Pacquette, that pretty wench, who waited on our noble Baroness; in her arms I tasted the pleasures of Paradise, which produced these Hell torments with which you see me devoured. She was infected with an ailment, and perhaps has since died of it; she received this present of a learned Franciscan, who derived it from the fountainhead; he was indebted for it to an old countess, who had it of a captain of horse, who had it of a marchioness, who had it of a page, the page had it of a Jesuit, who, during his novitiate, had it in a direct line from one of the fellow adventurers of Christopher Columbus; for my part I shall give it to nobody, I am a dying man."

"O sage Pangloss," cried Candide, "what a strange genealogy is this! Is not the devil the root of it?"

"Not at all," replied the great man, "it was a thing unavoidable, a necessary ingredient in the best of worlds; for if Columbus had not caught in an island in America this disease, which contaminates the source of generation, and frequently impedes propagation itself, and is evidently opposed to the great end of nature, we should have had neither chocolate nor cochineal. It is also to be observed, that, even to the present time, in this continent of ours, this malady, like our religious controversies, is peculiar to ourselves. The Turks, the Indians, the Persians, the Chinese, the Siamese, and the Japanese are entirely unacquainted with it; but there is a sufficing reason for them to know it in a few centuries. In the meantime, it is making prodigious havoc among us, especially in those armies composed of well disciplined hirelings, who determine the fate of nations; for we may safely affirm, that, when an army of thirty thousand men engages another equal in size, there are about twenty thousand infected with syphilis on each side."

"Very surprising, indeed," said Candide, "but you must get cured."

"Lord help me, how can I?" said Pangloss. "My dear friend, I have not a penny in the world; and you know one cannot be bled or have an enema without money."

This last speech had its effect on Candide; he flew to the charitable Anabaptist, James; he flung himself at his feet, and gave him so striking a picture of the miserable condition of his friend that the good man without any further hesitation agreed to take Dr. Pangloss into his house, and to pay for his cure. The cure was effected with only the loss of one eye and an ear. As he wrote a good hand, and understood accounts tolerably well, the Anabaptist made him his bookkeeper. At the expiration of two months, being obliged by some mercantile affairs to go to Lisbon he took the two philosophers with him in the same ship; Pangloss, during the course of the voyage, explained to him how everything was so constituted that it could not be better. James did not quite agree with him on this point.

"Men," said he "must, in some things, have deviated from their original innocence; for they were not born wolves, and yet they worry one another like those beasts of prey. God never gave them twenty-four pounders nor bayonets, and yet they have made cannon and bayonets to destroy one another. To this account I might add not only bankruptcies, but the law which seizes on the effects of bankrupts, only to cheat the creditors."

"All this was indispensably necessary," replied the one-eyed doctor, "for private misfortunes are public benefits; so that the more private misfortunes there are, the greater is the general good."

While he was arguing in this manner, the sky was overcast, the winds blew from the four quarters of the compass, and the ship was assailed by a most terrible tempest, within sight of the port of Lisbon.

Chapter 5 A Tempest, a Shipwreck, an Earthquake, and What Else Befell Dr. Pangloss, Candide, and James, the Anabaptist

One half of the passengers, weakened and half-dead with the inconceivable anxiety and sickness which the rolling of a vessel at sea occasions through the whole human frame, were lost to all sense of the danger that surrounded them. The others made loud outcries, or betook themselves to their prayers; the sails were blown into shreds, and the masts were brought by the board. The vessel was a total wreck. Everyone was busily employed, but nobody could be either heard or obeyed. The Anabaptist, being upon deck, lent a helping hand as well as the rest, when a brutish sailor gave him a blow and laid him speechless; but, not withstanding, with the violence of the blow the tar himself tumbled headforemost overboard, and fell upon a piece of the broken mast, which he immediately grasped. Honest James, forgetting the injury he had so lately received from him, flew to his assistance, and, with great difficulty, hauled him in again, but, not withstanding, in the attempt, was, by a sudden jerk of the ship, thrown overboard himself, in sight of the very fellow whom he had risked his life to save and who took not the least notice of him in this distress. Candide, who beheld all that passed and saw his benefactor one moment rising above water, and the next swallowed up by the merciless waves, was preparing to jump after him, but was prevented by the philosopher Pangloss, who demonstrated to him that the roadstead of Lisbon had been made on purpose for the Anabaptist to be drowned there. While he was proving his argument a priori, the ship foundered, and the whole crew perished, except Pangloss, Candide, and the sailor who had been the means of drowning the good Anabaptist. The villain swam ashore; but Pangloss and Candide reached the land upon a plank.

As soon as they had recovered from their surprise and fatigue they walked towards Lisbon; with what little money they had left they thought to save themselves from starving after having escaped drowning.

Scarcely had they ceased to lament the loss of their benefactor and set foot in the city, when they perceived that the earth trembled under their feet, and the sea, swelling and foaming in the harbor, was dashing in pieces the vessels that were riding at anchor. Large sheets of flames and cinders covered the streets and public places; the houses tottered, and were tumbled topsy-turvy even to their foundations, which were themselves destroyed, and thirty thousand inhabitants of both sexes, young and old, were buried beneath the ruins.

The sailor, whistling and swearing, cried, "Damn it, there's something to be got here."

"What can be the sufficing reason of this phenomenon?" said Pangloss.

"It is certainly the day of judgment," said Candide.

The sailor, defying death in the pursuit of plunder, rushed into the midst of the ruin, where he found some money, with which he got drunk, and, after he had slept himself sober he purchased the favors of the first good-natured wench that came in his way, amidst the ruins of demolished houses and the groans of half-buried and expiring persons.

Pangloss pulled him by the sleeve. "Friend," said he, "this is not right, you trespass against the universal reason, and have mistaken your time."

"Death and zounds!" answered the other, "I am a sailor and was born at Batavia, and have trampled four times upon the crucifix in as many voyages to Japan; you have come to a good hand with your universal reason."

In the meantime, Candide, who had been wounded by some pieces of stone that fell from the houses, lay stretched in the street, almost covered with rubbish.

"For God's sake," said he to Pangloss, "get me a little wine and oil! I am dying."

"This concussion of the earth is no new thing," said Pangloss, "the city of Lima in South America experienced the same last year; the same cause, the same effects; there is certainly a train of sulphur all the way underground from Lima to Lisbon."

"Nothing is more probable," said Candide; "but for the love of God a little oil and wine."

"Probable!" replied the philosopher, "I maintain that the thing is demonstrable."

Candide fainted away, and Pangloss fetched him some water from a neighboring spring.

The next day, in searching among the ruins, they found some eatables with which they repaired their exhausted strength. After this they assisted the inhabitants in relieving the distressed and wounded. Some, whom they had humanely assisted, gave them as good a dinner as could be expected under such terrible circumstances. The repast, indeed, was mournful, and the company moistened their bread with their tears; but Pangloss endeavored to comfort them under this affliction by affirming that things could not be otherwise that they were. "For," said he, "all this is for the very best end, for if there is a volcano at Lisbon it could be in no other spot; and it is impossible but things should be as they are, for everything is for the best."

By the side of the preceptor sat a little man dressed in black, who was one of the familiars of the Inquisition. This person, taking him up with great complaisance, said, "Possibly, my good sir, you do not believe in original sin; for, if everything is best, there could have been no such thing as the fall or punishment of man."

"Your Excellency will pardon me," answered Pangloss, still more politely; "for the fall of man and the curse consequent thereupon necessarily entered into the system of the best of worlds."

"That is as much as to say, sir," rejoined the familiar, "you do not believe in free will."

"Your Excellency will be so good as to excuse me," said Pangloss, "free will is consistent with absolute necessity; for it was necessary we should be free, for in that the will—"

Pangloss was in the midst of his proposition, when the familiar beckoned to his attendant to help him to a glass of port wine.

Chapter 6 How the Portuguese Made a Superb Auto-De-Fe to Prevent Any Future Earthquakes, and How Candide Underwent Public Flagellation

After the earthquake, which had destroyed three-fourths of the city of Lisbon, the sages of that country could think of no means more effectual to preserve the kingdom from utter ruin than to entertain the people with an auto-da-fe, it having been decided by the University of Coimbra, that the burning of a few people alive by a slow fire, and with great ceremony, is an infallible preventive of earthquakes.

In consequence thereof they had seized on a Biscayan for marrying his godmother, and on two Portuguese for taking out the bacon of a larded pullet they were eating; after dinner they came and secured Dr. Pangloss, and his pupil Candide, the one for speaking his mind, and the other for seeming to approve what he had said. They were conducted to separate apartments, extremely cool, where they were never incommoded with the sun. Eight days afterwards they were each dressed in a sanbenito, and their heads were adorned with paper mitres. The mitre and sanbenito worn by Candide were painted with flames reversed and with devils that had neither tails nor claws; but Dr. Pangloss's devils had both tails and claws, and his flames were upright. In these habits they marched in procession, and heard a very pathetic sermon, which was followed by an anthem, accompanied by bagpipes. Candide was flogged to some tune, while the anthem was being sung; the Biscayan and the two men who would not eat bacon were burned, and Pangloss was hanged, which is not a common custom at these solemnities. The same day there was another earthquake, which made most dreadful havoc.

Candide, amazed, terrified, confounded, astonished, all bloody, and trembling from head to foot, said to himself, "If this is the best of all possible worlds, what are the others? If I had only been whipped, I could have put up with it, as I did among the Bulgarians; but, not withstanding, oh my dear Pangloss! My beloved master! Thou greatest of philosophers! That ever I should live to see thee hanged, without knowing for what! O my dear Anabaptist, thou best of men, that it should be thy fate to be drowned in the very harbor! O Miss Cunegund, you mirror of young ladies! That it should be your fate to have your body ripped open!"

He was making the best of his way from the place where he had been preached to, whipped, absolved and blessed, when he was accosted by an old woman, who said to him, "Take courage, child, and follow me."

Chapter 7 How the Old Woman Took Care of Candide, and How He Found the Object of His Love

Candide followed the old woman, though without taking courage, to a decayed house, where she gave him a pot of pomatum to anoint his sores, showed him a very neat bed, with a suit of clothes hanging by it; and set victuals and drink before him.

"There," said she, "eat, drink, and sleep, and may Our Lady of Atocha, and the great St. Anthony of Padua, and the illustrious St. James of Compostella, take you under their protection. I shall be back tomorrow."

Candide, struck with amazement at what he had seen, at what he had suffered, and still more with the charity of the old woman, would have shown his acknowledgment by kissing her hand.

"It is not my hand you ought to kiss," said the old woman. "I shall be back tomorrow. Anoint your back, eat, and take your rest."

Candide, notwithstanding so many disasters, ate and slept. The next morning, the old woman brought him his breakfast; examined his back, and rubbed it herself with another ointment. She returned at the proper time, and brought him his dinner; and at night, she visited him again with his supper. The next day she observed the same ceremonies.

"Who are you?" said Candide to her. "Who has inspired you with so much goodness? What return can I make you for this charitable assistance?"

The good old beldame kept a profound silence. In the evening she returned, but without his supper.

"Come along with me," said she, "but do not speak a word."

She took him by the arm, and walked with him about a quarter of a mile into the country, till they came to a lonely house surrounded with moats and gardens. The old conductress knocked at a little door, which was immediately opened, and she showed him up a pair of back stairs, into a small, but richly furnished apartment. There she made him sit down on a brocaded sofa, shut the door upon him, and left him. Candide thought himself in a trance; he looked upon his whole life, hitherto, as a frightful dream, and the present moment as a very agreeable one.

The old woman soon returned, supporting, with great difficulty, a young lady, who appeared scarce able to stand. She was of a majestic mien and stature, her dress was rich, and glittering with diamonds, and her face was covered with a veil.

"Take off that veil," said the old woman to Candide.

The young man approached, and, with a trembling hand, took off her veil. What a happy moment! What surprise! He thought he beheld Miss Cunegund; he did behold her—it was she herself. His strength failed him, he could not utter a word, he fell at her feet. Cunegund fainted upon the sofa. The old woman bedewed them with spirits; they recovered—they began to speak. At first they could express themselves only in broken accents; their questions and answers were alternately interrupted with sighs, tears, and exclamations. The old woman desired them to make less noise, and after this prudent admonition left them together.

"Good heavens!" cried Candide, "is it you? Is it Miss Cunegund

I behold, and alive? Do I find you again in Portugal? Then you have not been ravished? They did not rip open your body, as the philosopher Pangloss informed me?"

"Indeed but they did," replied Miss Cunegund; "but these two accidents do not always prove mortal."

"But were your father and mother killed?"

"Alas!" answered she, "it is but too true!" and she wept.

"And your brother?"

"And my brother also."

"And how came you into Portugal? And how did you know of my being here? And by what strange adventure did you contrive to have me brought into this house? And how—"

"I will tell you all," replied the lady, "but first you must acquaint me with all that has befallen you since the innocent kiss you gave me, and the rude kicking you received in consequence of it."

Candide, with the greatest submission, prepared to obey the commands of his fair mistress; and though he was still filled with amazement, though his voice was low and tremulous, though his back pained him, yet he gave her a most ingenuous account of everything that had befallen him, since the moment of their separation. Cunegund, with her eyes uplifted to heaven, shed tears when he related the death of the good Anabaptist, James, and of Pangloss; after which she thus related her adventures to Candide, who lost not one syllable she uttered, and seemed to devour her with his eyes all the time she was speaking.

Chapter 8 Cunegund's Story

"I was in bed, and fast asleep, when it pleased Heaven to send the Bulgarians to our delightful castle of Thunder-ten-tronckh, where they murdered my father and brother, and cut my mother in pieces. A tall Bulgarian soldier, six feet high, perceiving that I had fainted away at this sight, attempted to ravish me; the operation brought me to my senses. I cried, I struggled, I bit, I scratched, I would have torn the tall Bulgarian's eyes out, not knowing that what had happened at my father's castle was a customary thing. The brutal soldier, enraged at my resistance, gave me a wound in my left leg with his hanger, the mark of which I still carry."

"Methinks I long to see it," said Candide, with all imaginable simplicity.

"You shall," said Cunegund, "but let me proceed."

"Pray do," replied Candide.

She continued. "A Bulgarian captain came in, and saw me weltering in my blood, and the soldier still as busy as if no one had been present. The officer, enraged at the fellow's want of respect to him, killed him with one stroke of his sabre as he lay upon me. This captain took care of me, had me cured, and carried me as a prisoner of war to his quarters. I washed what little linen he possessed, and cooked his victuals: he was very fond of me, that was certain; neither can I deny that he was well made, and had a soft, white skin, but he was very stupid, and knew nothing of philosophy: it might plainly be perceived that he had not been educated under Dr. Pangloss. In three months, having gambled away all his money, and having grown tired of me, he sold me to a Jew, named Don Issachar, who traded in Holland and Portugal, and was passionately fond of women. This Jew showed me great kindness, in hopes of gaining my favors; but he never could prevail on me to yield. A modest woman may be once ravished; but her virtue is greatly strengthened thereby. In order to make sure of me, he brought me to this country house you now see. I had hitherto believed that nothing could equal the beauty of the castle of Thunder-ten-tronckh; but I found I was mistaken.

"The Grand Inquisitor saw me one day at Mass, ogled me all the time of service, and when it was over, sent to let me know he wanted to speak with me about some private business. I was conducted to his palace, where I told him all my story; he represented to me how much it was beneath a person of my birth to belong to a circumcised Israelite. He caused a proposal to be made to Don Issachar, that he should resign me to His Lordship. Don Issachar, being the court banker and a man of credit, was not easy to be prevailed upon. His Lordship threatened him with an auto-da-fe; in short, my Jew was frightened into a compromise, and it was agreed between them, that the house and myself should belong to both in common; that the Jew should have Monday, Wednesday, and the Sabbath to himself; and the Inquisitor the other four days of the week. This agreement has subsisted almost six months; but not without several contests, whether the space from Saturday night to Sunday morning belonged to the old or the new law. For my part, I have hitherto withstood them both, and truly I believe this is the very reason why they are both so fond of me.

"At length to turn aside the scourge of earthquakes, and to intimidate Don Issachar, My Lord Inquisitor was pleased to celebrate an auto-da-fe. He did me the honor to invite me to the ceremony. I had a very good seat; and refreshments of all kinds were offered the ladies between Mass and the execution. I was dreadfully shocked at the burning of the two Jews, and the honest Biscayan who married his godmother; but how great was my surprise, my consternation, and concern, when I beheld a figure so like Pangloss, dressed in a sanbenito and mitre! I rubbed my eyes, I looked at him attentively. I saw him hanged, and I fainted away: scarce had I recovered my senses, when I saw you stripped of clothing; this was the height of horror, grief, and despair. I must confess to you for a truth, that your skin is whiter and more blooming than that of the Bulgarian captain. This spectacle worked me up to a pitch of distraction. I screamed out, and would have said, 'Hold, barbarians!' But my voice failed me; and indeed my cries would have signified nothing. After you had been severely whipped, I said to myself, 'How is it possible that the lovely Candide and the sage Pangloss should be at Lisbon, the one to receive a hundred lashes, and the other to be hanged by order of My Lord Inquisitor, of whom I am so great a favorite? Pangloss deceived me most cruelly, in saying that everything is for the best.'

"Thus agitated and perplexed, now distracted and lost, now half dead with grief, I revolved in my mind the murder of my father, mother, and brother, committed before my eyes; the insolence of the rascally Bulgarian soldier; the wound he gave me in the groin; my servitude; my being a cook-wench to my Bulgarian captain; my subjection to the hateful Jew, and my cruel Inquisitor; the hanging of Doctor Pangloss; the Miserere sung while you were being whipped; and particularly the kiss I gave you behind the screen, the last day I ever beheld you. I returned thanks to God for having brought you to the place where I was, after so many trials. I charged the old woman who attends me to bring you hither as soon as was convenient. She has punctually executed my orders, and I now enjoy the inexpressible satisfaction of seeing you, hearing you, and speaking to you. But you must certainly be half-dead with hunger; I myself have a great inclination to eat, and so let us sit down to supper."

Upon this the two lovers immediately placed themselves at table, and, after having supped, they returned to seat themselves again on the magnificent sofa already mentioned, where they were in amorous dalliance, when Senor Don Issachar, one of the masters of the house, entered unexpectedly; it was the Sabbath day, and he came to enjoy his privilege, and sigh forth his passion at the feet of the fair Cunegund.

Chapter 9 What Happened to Cunegund, Candide, the Grand Inquisitor, and the Jew

This same Issachar was the most choleric little Hebrew that had ever been in Israel since the captivity of Babylon.

"What," said he, "thou Galilean slut? The Inquisitor was not enough for thee, but this rascal must come in for a share with me?"

In uttering these words, he drew out a long poniard, which he always carried about him, and never dreaming that his adversary had any arms, he attacked him most furiously; but our honestWestphalian had received from the old woman a handsome sword with the suit of clothes. Candide drew his rapier, and though he was very gentle and sweet-tempered, he laid the Israelite dead on the floor at the fair Cunegund's feet.

"Holy Virgin!" cried she, "what will become of us? A man killed in my apartment! If the peace-officers come, we are undone."

"Had not Pangloss been hanged," replied Candide, "he would have given us most excellent advice, in this emergency; for he was a profound philosopher. But, since he is not here, let us consult the old woman."

She was very sensible, and was beginning to give her advice, when another door opened on a sudden. It was now one o'clock in the morning, and of course the beginning of Sunday, which, by agreement, fell to the lot of My Lord Inquisitor. Entering he discovered the flagellated Candide with his drawn sword in his hand, a dead body stretched on the floor, Cunegund frightened out of her wits, and the old woman giving advice.

At that very moment, a sudden thought came into Candide's head. "If this holy man," thought he, "should call assistance, I shall most undoubtedly be consigned to the flames, and Miss Cunegund may perhaps meet with no better treatment: besides, he was the cause of my being so cruelly whipped; he is my rival; and as I have now begun to dip my hands in blood, I will kill away, for there is no time to hesitate."

This whole train of reasoning was clear and instantaneous; so that, without giving time to the Inquisitor to recover from his surprise, he ran him through the body, and laid him by the side of the Jew.

"Here's another fine piece of work!" cried Cunegund. "Now there can be no mercy for us, we are excommunicated; our last hour is come. But how could you, who are of so mild a temper, despatch a Jew and an Inquisitor in two minutes' time?"

"Beautiful maiden," answered Candide, "when a man is in love, is jealous, and has been flogged by the Inquisition, he becomes lost to all reflection."

The old woman then put in her word:

"There are three Andalusian horses in the stable, with as many bridles and saddles; let the brave Candide get them ready. Madam has a parcel of moidores and jewels, let us mount immediately, though I have lost one buttock; let us set out for Cadiz; it is the finest weather in the world, and there is great pleasure in traveling in the cool of the night."

Candide, without any further hesitation, saddled the three horses; and Miss Cunegund, the old woman, and he, set out, and traveled thirty miles without once halting. While they were making the best of their way, the Holy Brotherhood entered the house. My Lord, the Inquisitor, was interred in a magnificent manner, and Master Issachar's body was thrown upon a dunghill.

Candide, Cunegund, and the old woman, had by this time reached the little town of Avacena, in the midst of the mountains of Sierra Morena, and were engaged in the following conversation in an inn, where they had taken up their quarters.

Chapter 10 In What Distress Candide, Cunegund, and the Old Woman Arrive at Cadiz, and of Their Embarkation

"Who could it be that has robbed me of my moidores and jewels?" exclaimed Miss Cunegund, all bathed in tears. "How shall we live? What shall we do? Where shall I find Inquisitors and Jews who can give me more?"

"Alas!" said the old woman, "I have a shrewd suspicion of a reverend Franciscan father, who lay last night in the same inn with us at Badajoz. God forbid I should condemn any one wrongfully, but he came into our room twice, and he set off in the morning long before us."

"Alas!" said Candide, "Pangloss has often demonstrated to me that the goods of this world are common to all men, and that everyone has an equal right to the enjoyment of them; but, not withstanding, according to these principles, the Franciscan ought to have left us enough to carry us to the end of our journey. Have you nothing at all left, my dear Miss Cunegund?"

"Not a maravedi," replied she.

"What is to be done then?" said Candide.

"Sell one of the horses," replied the old woman. "I will get up behind Miss Cunegund, though I have only one buttock to ride on, and we shall reach Cadiz."

In the same inn there was a Benedictine friar, who bought the horse very cheap. Candide, Cunegund, and the old woman, after passing through Lucina, Chellas, and Letrixa, arrived at length at Cadiz. A fleet was then getting ready, and troops were assembling in order to induce the reverend fathers, Jesuits of Paraguay, who were accused of having excited one of the Indian tribes in the neighborhood of the town of the Holy Sacrament, to revolt against the Kings of Spain and Portugal.

Candide, having been in the Bulgarian service, performed the military exercise of that nation before the general of this little army with so intrepid an air, and with such agility and expedition, that he received the command of a company of foot. Being now made a captain, he embarked with Miss Cunegund, the old woman, two valets, and the two Andalusian horses, which had belonged to the Grand Inquisitor of Portugal.

During their voyage they amused themselves with many profound reasonings on poor Pangloss's philosophy.

"We are now going into another world, and surely it must be there that everything is for the best; for I must confess that we have had some little reason to complain of what passes in ours, both as to the physical and moral part. Though I have a sincere love for you," said Miss Cunegund, "yet I still shudder at the reflection of what I have seen and experienced."

"All will be well," replied Candide, "the sea of this new world is already better than our European seas: it is smoother, and the winds blow more regularly."

"God grant it," said Cunegund, "but I have met with such terrible treatment in this world that I have almost lost all hopes of a better one."

"What murmuring and complaining is here indeed!" cried the old woman. "If you had suffered half what I have, there might be some reason for it."

Miss Cunegund could scarce refrain from laughing at the good old woman, and thought it droll enough to pretend to a greater share of misfortunes than her own.

"Alas! My good dame," said she, "unless you had been ravished by two Bulgarians, had received two deep wounds in your belly, had seen two of your own castles demolished, had lost two fathers, and two mothers, and seen both of them barbarously murdered before your eyes, and to sum up all, had two lovers whipped at an auto-da-fe, I cannot see how you could be more unfortunate than I. Add to this, though born a baroness, and bearing seventy-two quarterings, I have been reduced to the station of a cook-wench."

"Miss," replied the old woman, "you do not know my family as yet; but if I were to show you my posteriors, you would not talk in this manner, but suspend your judgment." This speech raised a high curiosity in Candide and Cunegund; and the old woman continued as follows.

Chapter 11 The History of the Old Woman

"I have not always been blear-eyed. My nose did not always touch my chin; nor was I always a servant. You must know that I am the daughter of Pope Urban X, and of the Princess of Palestrina. To the age of fourteen I was brought up in a castle, compared with which all the castles of the German barons would not have been fit for stabling, and one of my robes would have bought half the province of Westphalia. I grew up, and improved in beauty, wit, and every graceful accomplishment; and in the midst of pleasures, homage, and the highest expectations. I already began to inspire the men with love. My breast began to take its right form, and such a breast! White, firm, and formed like that of the Venus de' Medici; my eyebrows were as black as jet, and as for my eyes, they darted flames and eclipsed the luster of the stars, as I was told by the poets of our part of the world. My maids, when they dressed and undressed me, used to fall into an ecstasy in viewing me before and behind; and all the men longed to be in their places.

"I was contracted in marriage to a sovereign prince of Massa Carrara. Such a prince! As handsome as myself, sweet-tempered, agreeable, witty, and in love with me over head and ears. I loved him, too, as our sex generally do for the first time, with rapture, transport, and idolatry.

The nuptials were prepared with surprising pomp and magnificence; the ceremony was attended with feasts, carousals, and burlesques: all Italy composed sonnets in my praise, though not one of them was tolerable.

"I was on the point of reaching the summit of bliss, when an old marchioness, who had been mistress to the Prince, my husband, invited him to drink chocolate. In less than two hours after he returned from the visit, he died of most terrible convulsions.

"But this is a mere trifle. My mother, distracted to the highest degree, and yet less afflicted than I, determined to absent herself for some time from so fatal a place. As she had a very fine estate in the neighborhood of Gaeta, we embarked on board a galley, which was gilded like the high altar of St. Peter's, at Rome. In our passage we were boarded by a Sallee rover. Our men defended themselves like true Pope's soldiers; they flung themselves upon their knees, laid down their arms, and begged the corsair to give them absolution in articulo mortis.

"The Moors presently stripped us as bare as ever we were born. My mother, my maids of honor, and myself, were served all in the same manner. It is amazing how quick these gentry are at undressing people. But what surprised me most was, that they made a rude sort of surgical examination of parts of the body which are sacred to the functions of nature. I thought it a very strange kind of ceremony; for thus we are generally apt to judge of things when we have not seen the world. I afterwards learned that it was to discover if we had any diamonds concealed. This practice had been established since time immemorial among those civilized nations that scour the seas. I was informed that the religious Knights of Malta never fail to make this search whenever any Moors of either sex fall into their hands. It is a part of the law of nations, from which they never deviate.

"I need not tell you how great a hardship it was for a young princess and her mother to be made slaves and carried to Morocco. You may easily imagine what we must have suffered on board a corsair. My mother was still extremely handsome, our maids of honor, and even our common waiting-women, had more charms than were to be found in all Africa. As to myself, I was enchanting; I was beauty itself, and then I had my virginity. But, alas! I did not retain it long; this precious flower, which had been reserved for the lovely Prince of Massa Carrara, was cropped by the captain of the Moorish vessel, who was a hideous Negro, and thought he did me infinite honor. Indeed, both the Princess of Palestrina and myself must have had very strong constitutions to undergo all the hardships and violences we suffered before our arrival at Morocco. But I will not detain you any longer with such common things; they are hardly worth mentioning.

"Upon our arrival at Morocco we found that kingdom deluged with blood. Fifty sons of the Emperor Muley Ishmael were each at the head of a party. This produced fifty civil wars of blacks against blacks, of tawnies against tawnies, and of mulattoes against mulattoes. In short, the whole empire was one continued scene of carnage.

"No sooner were we landed than a party of blacks, of a contrary faction to that of my captain, came to rob him of his booty. Next to the money and jewels, we were the most valuable things he had. I witnessed on this occasion such a battle as you never beheld in your cold European climates. The northern nations have not that fermentation in their blood, nor that raging lust for women that is so common in Africa. The natives of Europe seem to have their veins filled with milk only; but fire and vitriol circulate in those of the inhabitants of Mount Atlas and the neighboring provinces. They fought with the fury of the lions, tigers, and serpents of their country, to decide who should have us. A Moor seized my mother by the right arm, while my captain's lieutenant held her by the left; another Moor laid hold of her by the right leg, and one of our corsairs held her by the other. In this manner almost all of our women were dragged by four soldiers.

"My captain kept me concealed behind him, and with his drawn scimitar cut down everyone who opposed him; at length I saw all our Italian women and my mother mangled and torn in pieces by the monsters who contended for them. The captives, my companions, the Moors who took us, the soldiers, the sailors, the blacks, the whites, the mulattoes, and lastly, my captain himself, were all slain, and I remained alone expiring upon a heap of dead bodies. Similar barbarous scenes were transacted every day over the whole country, which is of three hundred leagues in extent, and yet they never missed the five stated times of prayer enjoined by their prophet Mahomet.

"I disengaged myself with great difficulty from such a heap of corpses, and made a shift to crawl to a large orange tree that stood on the bank of a neighboring rivulet, where I fell down exhausted with fatigue, and overwhelmed with horror, despair, and hunger. My senses being overpowered, I fell asleep, or rather seemed to be in a trance. Thus I lay in a state of weakness and insensibility between life and death, when I felt myself pressed by something that moved up and down upon my body. This brought me to myself. I opened my eyes, and saw a pretty fair-faced man, who sighed and muttered these words between his teeth, *'O che sciagura d'essere senza coglioni*!"

Chapter 12 The Adventures of the Old Woman Continued

"Astonished and delighted to hear my native language, and no less surprised at the young man's words, I told him that there were far greater misfortunes in the world than what he complained of. And to convince him of it, I gave him a short history of the horrible disasters that had befallen me; and as soon as I had finished, fell into a swoon again. He carried me in his arms to a neighboring cottage, where he had me put to bed, procured me something to eat, waited on me with the greatest attention, comforted me, caressed me, told me that he had never seen anything so perfectly beautiful as myself, and that he had never so much regretted the loss of what no one could restore to him.

"'I was born at Naples,' said he, 'where they make eunuchs of thousands of children every year; some die of the operation; some acquire voices far beyond the most tuneful of your ladies; and others are sent to govern states and empires. I underwent this operation very successfully, and was one of the singers in the Princess of Palestrina's chapel.'

"'How,' cried I, 'in my mother's chapel!'

"'The Princess of Palestrina, your mother!' cried he, bursting into a flood of tears. 'Is it possible you should be the beautiful young princess whom I had the care of bringing up till she was six years old, and who at that tender age promised to be as fair as I now behold you?'

"'I am the same,' I replied. 'My mother lies about a hundred yards from here cut in pieces and buried under a heap of dead bodies.'

"I then related to him all that had befallen me, and he in return acquainted me with all his adventures, and how he had been sent to the court of the King of Morocco by a Christian prince to conclude a treaty with that monarch; in consequence of which he was to be furnished with military stores, and ships to destroy the commerce of other Christian governments.

"'I have executed my commission,' said the eunuch; 'I am going to take ship at Ceuta, and I'll take you along with me to Italy. Ma che sciagura d'essere senza coglioni!'

"I thanked him with tears of joy, but, not withstanding, instead of taking me with him to Italy, he carried me to Algiers, and sold me to the Dey of that province. I had not been long a slave when the plague, which had made the tour of Africa, Asia, and Europe, broke out at Algiers with redoubled fury. You have seen an earthquake; but tell me, miss, have you ever had the plague?"

"Never," answered the young Baroness.

"If you had ever had it," continued the old woman, "you would own an earthquake was a trifle to it. It is very common in Africa; I was seized with it. Figure to yourself the distressed condition of the daughter of a Pope, only fifteen years old, and who in less than three months had felt the miseries of poverty and slavery; had been debauched almost every day; had beheld her mother cut into four quarters; had experienced the scourges of famine and war; and was now dying of the plague at Algiers. I did not, however, die of it; but my eunuch, and the Dey, and almost the wholeseraglio of Algiers, were swept off.

"As soon as the first fury of this dreadful pestilence was over, a sale was made of the Dey's slaves. I was purchased by a merchant who carried me to Tunis. This man sold me to another merchant, who sold me again to another at Tripoli; from Tripoli I was sold to Alexandria, from Alexandria to Smyrna, and from Smyrna to Constantinople. After many changes, I at length became the property of an Aga of the Janissaries, who, soon after I came into his possession, was ordered away to the defense of Azoff, then besieged by the Russians.

"The Aga, being very fond of women, took his whole seraglio with him, and lodged us in a small fort, with two black eunuchs and twenty soldiers for our guard. Our army made a great slaughter among the Russians; but they soon returned us the compliment. Azoff was taken by storm, and the enemy spared neither age, sex, nor condition, but put all to the sword, and laid the city in ashes. Our little fort alone held out; they resolved to reduce us by famine. The twenty janissaries, who were left to defend it, had bound themselves by an oath never to surrender the place. Being reduced to the extremity of famine, they found themselves obliged to kill our two eunuchs, and eat them rather than violate their oath. But this horrible repast soon failing them, they next determined to devour the women.

"We had a very pious and humane man, who gave them a most excellent sermon on this occasion, exhorting them not to kill us all at once. 'Cut off only one of the buttocks of each of those ladies,' said he, 'and you will fare extremely well; if you are under the necessity of having recourse to the same expedient again, you will find the like supply a few days hence. Heaven will approve of so charitable an action, and work your deliverance.'

"By the force of this eloquence he easily persuaded them, and all of us underwent the operation. The man applied the same balsam as they do to children after circumcision. We were all ready to give up the ghost.

"The Janissaries had scarcely time to finish the repast with which we had supplied them, when the Russians attacked the place by means of flat-bottomed boats, and not a single janissary escaped. The Russians paid no regard to the condition we were in; but there are French surgeons in all parts of the world, and one of them took us under his care, and cured us. I shall never forget, while I live, that as soon as my wounds were perfectly healed he made me certain proposals. In general, he desired us all to be of a good cheer, assuring us that the like had happened in many sieges; and that it was perfectly agreeable to the laws of war.

"As soon as my companions were in a condition to walk, they were sent to Moscow. As for me, I fell to the lot of a Boyard, who put me to work in his garden, and gave me twenty lashes a day. But this nobleman having about two years afterwards been broken alive upon the wheel, with about thirty others, for some court intrigues, I took advantage of the event, and made my escape. I traveled over a great part of Russia. I was a long time an innkeeper's servant at Riga, then at Rostock, Wismar, Leipsic, Cassel, Utrecht, Leyden, The Hague, and Rotterdam. I have grown old in misery and disgrace, living with only one buttock, and having in perpetual remembrance that I am a Pope's daughter. I have been a hundred times upon the point of killing myself, but still I was fond of life. This ridiculous weakness is, perhaps, one of the dangerous principles implanted in our nature. For what can be more absurd than to persist in carrying a burden of which we wish to be eased? To detest, and yet to strive to preserve our existence? In a word, to caress the serpent that devours us, and hug him close to our bosoms till he has gnawed into our hearts?

"In the different countries which it has been my fate to traverse, and at the many inns where I have been a servant, I have observed a prodigious number of people who held their existence in abhorrence, and yet I never knew more than twelve who voluntarily put an end to their misery; namely, three Negroes, four Englishmen, as many Genevese, and a German professor named Robek. My last place was with the Jew, Don Issachar, who placed me near your person, my fair lady; to whose fortunes I have attached myself, and have been more concerned with your adventures than with my own. I should never have even mentioned the latter to you, had you not a little piqued me on the head of sufferings; and if it were not customary to tell stories on board a ship in order to pass away the time.

"In short, my dear miss, I have a great deal of knowledge and experience in the world, therefore take my advice: divert yourself, and prevail upon each passenger to tell his story, and if there is one of them all that has not cursed his existence many times, and said to himself over and over again that he was the most wretched of mortals, I give you leave to throw me headfirst into the sea."

Chapter 13 How Candide Was Obliged to Leave the Fair Cunegund and the Old Woman

The fair Cunegund, being thus made acquainted with the history of the old woman's life and adventures, paid her all the respect and civility due to a person of her rank and merit. She very readily acceded to her proposal of engaging the passengers to relate their adventures in their turns, and was at length, as well as Candide, compelled to acknowledge that the old woman was in the right.

"It is a thousand pities," said Candide, "that the sage Pangloss should have been hanged contrary to the custom of an auto-da-fe, for he would have given us a most admirable lecture on the moral and physical evil which overspreads the earth and sea; and I think I should have courage enough to presume to offer (with all due respect) some few objections."

While everyone was reciting his adventures, the ship continued on her way, and at length arrived at Buenos Ayres, where Cunegund, Captain Candide, and the old woman, landed and went to wait upon the governor, Don Fernando d'Ibaraa y Figueora y Mascarenes y Lampourdos y Souza. This nobleman carried himself with a haughtiness suitable to a person who bore so many names. He spoke with the most noble disdain to everyone, carried his nose so high, strained his voice to such a pitch, assumed so imperious an air, and stalked with so much loftiness and pride, that everyone who had the honor of conversing with him was violently tempted to bastinade His Excellency. He was immoderately fond of women, and Miss Cunegund appeared in his eyes a paragon of beauty. The first thing he did was to ask her if she was not the captain's wife. The air with which he made this demand alarmed Candide, who did not dare to say he was married to her, because indeed he was not; neither did he venture to say she was his sister, because she was not; and though a lie of this nature proved of great service to one of the ancients, and might possibly be useful to some of the moderns, yet the purity of his heart would not permit him to violate the truth.

"Miss Cunegund," replied he, "is to do me the honor to marry me, and we humbly beseech Your Excellency to condescend to grace the ceremony with your presence."

Don Fernando d'Ibaraa y Figueora y Mascarenes y Lampourdos y Souza, twirling his mustachio, and putting on a sarcastic smile, ordered Captain Candide to go and review his company. The gentle Candide obeyed, and the Governor was left with Miss Cunegund. He made her a strong declaration of love, protesting that he was ready to give her his hand in the face of the Church, or otherwise, as should appear most agreeable to a young lady of her prodigious beauty. Cunegund desired leave to retire a quarter of an hour to consult the old woman, and determine how she should proceed.

The old woman gave her the following counsel:

"Miss, you have seventy-two quarterings in your arms, it is true, but you have not a penny to bless yourself with. It is your own fault if you do not become the wife of one of the greatest noblemen in South America, with an exceeding fine mustachio. What business have you to pride yourself upon an unshaken constancy? You have been outraged by a

Bulgarian soldier; a Jew and an Inquisitor have both tasted of your favors. People take advantage of misfortunes. I must confess, were I in your place, I should, without the least scruple, give my hand to the Governor, and thereby make the fortune of the brave Captain Candide."

While the old woman was thus haranguing, with all the prudence that old age and experience furnish, a small bark entered the harbor, in which was an alcayde and his alguazils. Matters had fallen out as follows.

The old woman rightly guessed that the Franciscan with the long sleeves, was the person who had taken Miss Cunegund's money and jewels, while they and Candide were at Badajoz, in their flight from Lisbon. This same friar attempted to sell some of the diamonds to a jeweler, who presently knew them to have belonged to the Grand Inquisitor, and stopped them. The Franciscan, before he was hanged, acknowledged that he had stolen them and described the persons, and the road they had taken. The flight of Cunegund and Candide was already the towntalk. They sent in pursuit of them to Cadiz; and the vessel which had been sent to make the greater dispatch, had now reached the port of Buenos Ayres. A report was spread that an alcayde was going to land, and that he was in pursuit of the murderers of My Lord, the Inquisitor. The sage old woman immediately saw what was to be done.

"You cannot run away," said she to Cunegund, "but you have nothing to fear; it was not you who killed My Lord Inquisitor: besides, as the Governor is in love with you, he will not suffer you to be ill-treated; therefore stand your ground."

Then hurrying away to Candide, she said, "Be gone hence this instant, or you will be burned alive."

Candide found there was no time to be lost; but how could he part from Cunegund, and whither must he fly for shelter?

Chapter 14 The Reception Candide and Cacambo Met with among the Jesuits in Paraguay

Candide had brought with him from Cadiz such a footman as one often meets with on the coasts of Spain and in the colonies. He was the fourth part of a Spaniard, of a mongrel breed, and born inTucuman. He had successively gone through the profession of a singing boy, sexton, sailor, monk, peddler, soldier, and lackey. His name was Cacambo; he had a great affection for his master, because his master was a very good man. He immediately saddled the two Andalusian horses.

"Come, my good master, let us follow the old woman's advice, and make all the haste we can from this place without staying to look behind us."

Candide burst into a flood of tears, "O my dear Cunegund, must I then be compelled to quit you just as the Governor was going to honor us with his presence at our wedding! Cunegund, so long lost and found again, what will now become of you?"

"Lord!" said Cacambo, "she must do as well as she can; women are never at a loss. God takes care of them, and so let us make the best of our way."

"But whither wilt thou carry me? Where can we go? What can we do without Cunegund?" cried the disconsolate Candide.

"By St. James of Compostella," said Cacambo, "you were going to fight against the Jesuits of Paraguay; now let us go and fight for them; I know the road perfectly well; I'll conduct you to their kingdom; they will be delighted with a captain that understands the Bulgarian drill; you will certainly make a prodigious fortune. If we cannot succeed in this world we may in another. It is a great pleasure to see new objects and perform new exploits."

"Then you have been in Paraguay?" asked Candide.

"Ay, marry, I have," replied Cacambo. "I was a scout in the College of the Assumption, and am as well acquainted with the new government of the Los Padres as I am with the streets of Cadiz. Oh, it is an admirable government, that is most certain! The kingdom is at present upwards of three hundred leagues in diameter, and divided into thirty provinces; the fathers there are masters of everything, and the people have no money at all; this you must allow is the masterpiece of justice and reason. For my part, I see nothing so divine as the good fathers, who wage war in this part of the world against the troops of Spain and Portugal, at the same time that they hear the confessions of those very princes in Europe; who kill Spaniards in America and send them to Heaven at Madrid. This pleases me exceedingly, but let us push forward; you are going to see the happiest and most fortunate of all mortals. How charmed will those fathers be to hear that a captain who understands the Bulgarian military drill is coming to them."

As soon as they reached the first barrier, Cacambo called to the advance guard, and told them that a captain wanted to speak to My Lord, the General. Notice was given to the main guard, and immediately a Paraguayan officer ran to throw himself at the feet of the Commandant to impart this news to him. Candide and Cacambo were immediately disarmed, and their two Andalusian horses were seized. The two strangers were conducted between two files of musketeers, the Commandant was at the further end with a three-cornered cap on his head, his gown tucked up, a sword by his side, and a half-pike in his hand; he made a sign, and instantly four and twenty soldiers drew up round the newcomers. A sergeant told them that they must wait, the Commandant could not speak to them; and that the Reverend Father Provincial did not suffer any Spaniard to open his mouth but in his presence, or to stay above three hours in the province.

"And where is the Reverend Father Provincial?" said Cacambo.

"He has just come from Mass and is at the parade," replied the sergeant, "and in about three hours' time you may possibly have the honor to kiss his spurs."

"But," said Cacambo, "the Captain, who, as well as myself, is perishing of hunger, is no Spaniard, but a German; therefore, pray, might we not be permitted to break our fast till we can be introduced to His Reverence?"

The sergeant immediately went and acquainted the Commandant with what he heard.

"God be praised," said the Reverend Commandant, "since he is a German I will hear what he has to say; let him be brought to my arbor."

Immediately they conducted Candide to a beautiful pavilion adomed with a colonnade of green marble, spotted with yellow, and with an intertexture of vines, which served as a kind of cage for parrots, humming birds, guinea hens, and all other curious kinds of birds. An excellent breakfast was provided in vessels of gold; and while the Paraguayans were eating coarse Indian corn out of wooden dishes in the open air, and exposed to the burning heat of the sun, the Reverend Father Commandant retired to his cool arbor.

He was a very handsome young man, round-faced, fair, and fresh-colored, his eyebrows were finely arched, he had a piercing eye, the tips of his ears were red, his lips vermilion, and he had a bold and commanding air; but such a boldness as neither resembled that of a Spaniard nor of a Jesuit. He ordered Candide and Cacambo to have their arms restored to them, together with their two Andalusian horses. Cacambo gave the poor beasts some oats to eat close by the arbor, keeping a strict eye upon them all the while for fear of surprise.

Candide having kissed the hem of the Commandant's robe, they sat down to table.

"It seems you are a German," said the Jesuit to him in that language.

"Yes, Reverend Father," answered Candide.

As they pronounced these words they looked at each other with great amazement and with an emotion that neither could conceal.

"From what part of Germany do you come?" said the Jesuit.

"From the dirty province of Westphalia," answered Candide. "I was born in the castle of Thunder-ten-tronckh."

"Oh heavens! Is it possible?" said the Commandant.

"What a miracle!" cried Candide.

"Can it be you?" said the Commandant.

On this they both drew a few steps backwards, then running into each other's arms, embraced, and wept profusely.

"Is it you then, Reverend Father? You are the brother of the fair Miss Cunegund? You that was slain by the Bulgarians! You the Baron's son! You a Jesuit in Paraguay! I must confess this is a strange world we live in. O Pangloss! What joy would this have given you if you had not been hanged."

The Commandant dismissed the Negro slaves, and the Paraguayans who presented them with liquor in crystal goblets. He returned thanks to God and St. Ignatius a thousand times; he clasped Candide in his arms, and both their faces were bathed in tears.

"You will be more surprised, more affected, more transported," said Candide, "when I tell you that Miss Cunegund, your sister, whose belly was supposed to have been ripped open, is in perfect health."

"In your neighborhood, with the Governor of Buenos Ayres; and I myself was going to fight against you."

Every word they uttered during this long conversation was productive of some new matter of astonishment. Their souls fluttered on their tongues, listened in their ears, and sparkled in their eyes. Like true Germans, they continued a long while at table, waiting for the Reverend Father; and the Commandant spoke to his dear Candide as follows.

Chapter 15 How Candide Killed the Brother of His Dear Cunegund

"Never while I live shall I lose the remembrance of that horrible day on which I saw my father and mother barbarously butchered before my eyes, and my sister ravished. When the Bulgarians retired we searched in vain for my dear sister. She was nowhere to be found; but the bodies of my father, mother, and myself, with two servant maids and three little boys, all of whom had been murdered by the remorseless enemy, were thrown into a cart to be buried in a chapel belonging to the Jesuits, within two leagues of our family seat. A Jesuit sprinkled us with some holy water, which was confounded salty, and a few drops of it went into my eyes; the father perceived that my eyelids stirred a little; he put his hand upon my breast and felt my heartbeat; upon which he gave me proper assistance, and at the end of three weeks I was perfectly recovered. You know, my dear Candide, I was very handsome; I became still more so, and the Reverend Father Croust, superior of that house, took a great fancy to me; he gave me the habit of the order, and some years afterwards I was sent to Rome. Our General stood in need of new recruits of young German Jesuits. The sovereigns of Paraguay admit of as few Spanish Jesuits as possible; they prefer those of other nations, as being more obedient to command. The Reverend Father General looked upon me as a proper person to work in that vineyard. I set out in company with a Polander and a Tyrolese. Upon my arrival I was honored with a subdeaconship and a lieutenancy. Now I am colonel and priest. We shall give a warm reception to the King of Spain's troops; I can assure you they will be well excommunicated and beaten. Providence has sent you hither to assist us. But is it true that my dear sister Cunegund is in the neighborhood with the Governor of Buenos Ayres?"

Candide swore that nothing could be more true; and the tears began again to trickle down their cheeks. The Baron knew no end of embracing Candide, be called him his brother, his deliverer.

"Perhaps," said he, "my dear Candide, we shall be fortunate enough to enter the town, sword in hand, and recover my sister Cunegund."

"Ah! That would crown my wishes," replied Candide; "for I intended to marry her; and I hope I shall still be able to effect it."

"Insolent fellow!" cried the Baron. "You! You have the impudence to marry my sister, who bears seventy-two quarterings! Really, I think you have an insufferable degree of assurance to dare so much as to mention such an audacious design to me."

Candide, thunderstruck at the oddness of this speech, answered:

"Reverend Father, all the quarterings in the world are of no signification. I have delivered your sister from a Jew and an Inquisitor; she is under many obligations to me, and she is resolved to give me her hand. My master, Pangloss, always told me that mankind are by nature equal. Therefore, you may depend upon it that I will marry your sister."

"We shall see to that, villain!" said the Jesuit, Baron of Thunder-ten-tronckh, and struck him across the face with the flat side of his sword. Candide in an instant drew his rapier and plunged it up to the hilt in the Jesuit's body; but in pulling it out reeking hot, he burst into tears.

"Good God!" cried he, "I have killed my old master, my friend, my brother-in-law. I am the best man in the world, and yet I have already killed three men, and of these three, two were priests."

Cacambo, who was standing sentry near the door of the arbor, instantly ran up.

"Nothing remains," said his master, "but to sell our lives as dearly as possible; they will undoubtedly look into the arbor; we must die sword in hand."

Cacambo, who had seen many of this kind of adventures, was not discouraged. He stripped the Baron of his Jesuit's habit and put it upon Candide, then gave him the dead man's three-cornered cap and made him mount on horseback. All this was done as quick as thought.

"Gallop, master," cried Cacambo; "everybody will take you for a Jesuit going to give orders; and we shall have passed the frontiers before they will be able to overtake us."

He flew as he spoke these words, crying out aloud in Spanish, "Make way; make way for the Reverend Father Colonel."

Chapter 16 What Happened to Our Two Travelers with Two Girls, Two Monkeys, and the Savages, Called Oreillons

Candide and his valet had already passed the frontiers before it was known that the German Jesuit was dead. The wary Cacambo had taken care to fill his wallet with bread, chocolate, some ham, some fruit, and a few bottles of wine. They penetrated with their Andalusian horses into a strange country, where they could discover no beaten path. At length a beautiful meadow, intersected with purling rills, opened to their view. Cacambo proposed to his master to take some nourishment, and he set him an example.

"How can you desire me to feast upon ham, when I have killed the Baron's son and am doomed never more to see the beautiful Cunegund? What will it avail me to prolong a wretched life that must be spent far from her in remorse and despair? And then what will the journal of Trevoux say?" was Candide's reply.

While he was making these reflections he still continued eating. The sun was now on the point of setting when the ears of our two wanderers were assailed with cries which seemed to be uttered by a female voice. They could not tell whether these were cries of grief or of joy; however, they instantly started up, full of that inquietude and apprehension which a strange place naturally inspires. The cries proceeded from two young women who were tripping disrobed along the mead, while two monkeys followed close at their heels biting at their limbs. Candide was touched with compassion; he had learned to shoot while he was among the Bulgarians, and he could hit a filbert in a hedge without touching a leaf. Accordingly he took up his double-barrelled Spanish gun, pulled the trigger, and laid the two monkeys lifeless on the ground.

"God be praised, my dear Cacambo, I have rescued two poor girls from a most perilous situation; if I have committed a sin in killing an Inquisitor and a Jesuit, I have made ample amends by saving the lives of these two distressed damsels. Who knows but they may be young ladies of a good family, and that the assistance I have been so happy to give them may procure us great advantage in this country?"

He was about to continue when he felt himself struck speechless at seeing the two girls embracing the dead bodies of the monkeys in the tenderest manner, bathing their wounds with their tears, and rending the air with the most doleful lamentations.

"Really," said he to Cacambo, "I should not have expected to see such a prodigious share of good nature."

"Master," replied the knowing valet, "you have made a precious piece of work of it; do you know that you have killed the lovers of these two ladies?"

"Their lovers! Cacambo, you are jesting! It cannot be! I can never believe it."

"Dear sir," replied Cacambo, "you are surprised at everything. Why should you think it so strange that there should be a country where monkeys insinuate themselves into the good graces of the ladies? They are the fourth part of a man as I am the fourth part of a Spaniard."

"Alas!" replied Candide, "I remember to have heard my master

Pangloss say that such accidents as these frequently came to pass in former times, and that these commixtures are productive of centaurs, fauns, and satyrs; and that many of the ancients had seen such monsters; but I looked upon the whole as fabulous."

"Now you are convinced," said Cacambo, "that it is very true, and you see what use is made of those creatures by persons who have not had a proper education; all I am afraid of is that these same ladies may play us some ugly trick."

These judicious reflections operated so far on Candide as to make him quit the meadow and strike into a thicket. There he and Cacambo supped, and after heartily cursing the Grand Inquisitor, the Governor of Buenos Ayres, and the Baron, they fell asleep on the ground. When they awoke they were surprised to find that they could not move; the reason was that the Oreillons who inhabit that country, and to whom the ladies had given information of these two strangers, had bound them with cords made of the bark of trees. They saw themselves surrounded by fifty naked Oreillons armed with bows and arrows, clubs, and hatchets of flint; some were making a fire under a large cauldron, and others were preparing spits, crying out one and all, "A Jesuit! A Jesuit! We shall be revenged; we shall have excellent cheer; let us eat this Jesuit; let us eat him up."

"I told you, master," cried Cacambo, mournfully, "that these two wenches would play us some scurvy trick."

Candide, seeing the cauldron and the spits, cried out, "I suppose they are going either to boil or roast us. Ah! What would Pangloss say if he were to see how pure nature is formed? Everything is right; it may be so; but I must confess it is something hard to be bereft of dear Miss Cunegund, and to be spitted like a rabbit by these barbarous Oreillons."

Cacambo, who never lost his presence of mind in distress, said to the disconsolate Candide, "Do not despair; I understand a little of the jargon of these people; I will speak to them."

"Ay, pray do," said Candide, "and be sure you make them sensible of the horrid barbarity of boiling and roasting human creatures, and how little of Christianity there is in such practices."

"Gentlemen," said Cacambo, "you think perhaps you are going to feast upon a Jesuit; if so, it is mighty well; nothing can be more agreeable to justice than thus to treat your enemies. Indeed the law of nature teaches us to kill our neighbor, and accordingly we find this practiced all over the world; and if we do not indulge ourselves in eating human flesh, it is because we have much better fare; but for your parts, who have not such resources as we, it is certainly much better judged to feast upon your enemies than to throw their bodies to the fowls of the air; and thus lose all the fruits of your victory. But surely, gentlemen, you would not choose to eat your friends. You imagine you are going to roast a Jesuit, whereas my master is your friend, your defender, and you are going to spit the very man who has been destroying your enemies; as to myself, I am your countryman; this gentleman is my master, and so far from being a Jesuit, give me leave to tell you he has very lately killed one of that order, whose spoils he now wears, and which have probably occasioned your mistake. To convince you of the truth of what I say, take the habit he has on and carry it to the first barrier of the Jesuits' kingdom, and inquire whether my master did not kill one of their officers. There will be little or no time lost by this, and you may still reserve our bodies in your power to feast on if you should find what we have told you to be false. But, on the contrary, if you find it to be true, I am persuaded you are too well acquainted with the principles of the laws of society, humanity, and justice, not to use us courteously, and suffer us to depart unhurt."

This speech appeared very reasonable to the Oreillons; they deputed two of their people with all expedition to inquire into the truth of this affair, who acquitted themselves of their commission like men of sense, and soon returned with good tidings for our distressed adventurers. Upon this they were loosed, and those who were so lately going to roast and boil them now showed them all sorts of civilities, offered them girls, gave them refreshments, and reconducted them to the confines of their country, crying before them all the way, in token of joy, "He is no Jesuit! He is no Jesuit!"

Candide could not help admiring the cause of his deliverance. "What men! What manners!" cried he. "If I had not fortunately run my sword up to the hilt in the body of Miss Cunegund's brother, I should have certainly been eaten alive. But, after all, pure nature is an excellent thing; since these people, instead of eating me, showed me a thousand civilities as soon as they knew was not a Jesuit."

Chapter 17 Candide and His Valet Arrive in the Country of El Dorado—What They Saw There

When to the frontiers of the Oreillons, said Cacambo to Candide, "You see, this hemisphere is not better than the other; now take my advice and let us return to Europe by the shortest way possible."

"But how can we get back?" said Candide; "and whither shall we go? To my own country? The Bulgarians and the Abares are laying that waste with fire and sword. Or shall we go to Portugal? There I shall be burned; and if we abide here we are every moment in danger of being spitted. But how can I bring myself to quit that part of the world where my dear Miss Cunegund has her residence?"

"Let us return towards Cayenne," said Cacambo. "There we shall meet with some Frenchmen, for you know those gentry ramble all over the world. Perhaps they will assist us, and God will look with pity on our distress."

It was not so easy to get to Cayenne. They knew pretty nearly whereabouts it lay; but the mountains, rivers, precipices, robbers, savages, were dreadful obstacles in the way. Their horses died with fatigue and their provisions were at an end. They subsisted a whole month on wild fruit, till at length they came to a little river bordered with cocoa trees; the sight of which at once revived their drooping spirits and furnished nourishment for their enfeebled bodies.

Cacambo, who was always giving as good advice as the old woman herself, said to Candide, "You see there is no holding out any longer; we have traveled enough on foot. I spy an empty canoe near the river side; let us fill it with cocoanuts, get into it, and go down with the stream; a river always leads to some inhabited place. If we do not meet with agreeable things, we shall at least meet with something new."

"Agreed," replied Candide; "let us recommend ourselves to Providence."

They rowed a few leagues down the river, the banks of which were in some places covered with flowers; in others barren; in some parts smooth and level, and in others steep and rugged. The stream widened as they went further on, till at length it passed under one of the frightful rocks, whose summits seemed to reach the clouds. Here our two travelers had the courage to commit themselves to the stream, which, contracting in this part, hurried them along with a dreadful noise and rapidity.

At the end of four and twenty hours they saw daylight again; but their canoe was dashed to pieces against the rocks. They were obliged to creep along, from rock to rock, for the space of a league, till at length a spacious plain presented itself to their sight. This place was bounded by a chain of inaccessible mountains. The country appeared cultivated equally for pleasure and to produce the necessaries of life. The useful and agreeable were here equally blended. The roads were covered, or rather adorned, with carriages formed of glittering materials, in which were men and women of a surprising beauty, drawn with great rapidity by red sheep of a very large size; which far surpassed the finest coursers of Andalusian Tetuan, or Mecquinez.

"Here is a country, however," said Candide, "preferable to

Westphalia."

He and Cacambo landed near the first village they saw, at the entrance of which they perceived some children covered with tattered garments of the richest brocade, playing at quoits. Our two inhabitants of the other hemisphere amused themselves greatly with what they saw. The quoits were large, round pieces, yellow, red, and green, which cast a most glorious luster. Our travelers picked some of them up, and they proved to be gold, emeralds, rubies, and diamonds; the least of which would have been the greatest ornament to the superb throne of the Great Mogul.

"Without doubt," said Cacambo, "those children must be the King's sons that are playing at quoits."

As he was uttering these words the schoolmaster of the village appeared, who came to call the children to school.

"There," said Candide, "is the preceptor of the royal family."

The little ragamuffins immediately quitted their diversion, leaving the quoits on the ground with all their other playthings. Candide gathered them up, ran to the schoolmaster, and, with a most respectful bow, presented them to him, giving him to understand by signs that their Royal Highnesses had forgot their gold and precious stones. The schoolmaster, with a smile, flung them upon the ground, then examining Candide from head to foot with an air of admiration, he turned his back and went on his way.

Our travelers took care, however, to gather up the gold, the rubies, and the emeralds.

"Where are we?" cried Candide. "The King's children in this country must have an excellent education, since they are taught to show such a contempt for gold and precious stones."

Cacambo was as much surprised as his master. They then drew

near the first house in the village, which was built after the manner of a European palace. There was a crowd of people about the door, and a still greater number in the house. The sound of the most delightful instruments of music was heard, and the most agreeable smell came from the kitchen. Cacambo went up to the door and heard those within talking in the Peruvian language, which was his mother tongue; for everyone knows that Cacambo was born in a village of Tucuman, where no other language is spoken.

"I will be your interpreter here," said he to Candide. "Let us go in; this is an eating house."

Immediately two waiters and two servant-girls, dressed in cloth of gold, and their hair braided with ribbons of tissue, accosted the strangers and invited them to sit down to the ordinary. Their dinner consisted of four dishes of different soups, each garnished with two young paroquets, a large dish of bouille that weighed two hundred weight, two roasted monkeys of a delicious flavor, three hundred hummingbirds in one dish, and six hundred flybirds in another; some excellent ragouts, delicate tarts, and the whole served up in dishes of rock crystal. Several sorts of liquors, extracted from the sugarcane, were handed about by the servants who attended.

Most of the company were chapmen and wagoners, all extremely polite; they asked Cacambo a few questions with the utmost discretion and circumspection; and replied to his in a most obliging and satisfactory manner.

As soon as dinner was over, both Candide and Cacambo thought they should pay very handsomely for their entertainment by laying down two of those large gold pieces which they had picked off the ground; but the landlord and landlady burst into a fit of laughing and held their sides for some time.

When the fit was over, the landlord said, "Gentlemen, I plainly perceive you are strangers, and such we are not accustomed to charge; pardon us, therefore, for laughing when you offered us the common pebbles of our highways for payment of your reckoning. To be sure, you have none of the coin of this kingdom; but there is no necessity of having any money at all to dine in this house. All the inns, which are established for the convenience of those who carry on the trade of this nation, are maintained by the government. You have found but very indifferent entertainment here, because this is only a poor village; but in almost every other of these public houses you will meet with a reception worthy of persons of your merit."

Cacambo explained the whole of this speech of the landlord to Candide, who listened to it with the same astonishment with which his friend communicated it.

"What sort of a country is this," said the one to the other, "that is unknown to all the world; and in which Nature has everywhere so different an appearance to what she has in ours? Possibly this is that part of the globe where everywhere is right, for there must certainly be some such place. And, for all that Master Pangloss could say, I often perceived that things went very ill in Westphalia."

Chapter 18 What They Saw in the Country of El Dorado

Cacambo vented all his curiosity upon his landlord by a thousand different questions; the honest man answered him thus, "I am very ignorant, sir, but I am contented with my ignorance; however, we have in this neighborhood an old man retired from court, who is the most learned and communicative person in the whole kingdom."

He then conducted Cacambo to the old man; Candide acted now only a second character, and attended his valet. They entered a very plain house, for the door was nothing but silver, and the ceiling was only of beaten gold, but wrought in such elegant taste as to vie with the richest. The antechamber, indeed, was only incrusted with rubies and emeralds; but the order in which everything was disposed made amends for this great simplicity.

The old man received the strangers on his sofa, which was stuffed with hummingbirds' feathers; and ordered his servants to present them with liquors in golden goblets, after which he satisfied their curiosity in the following terms.

"I am now one hundred and seventy-two years old, and I learned of my late father, who was equerry to the King, the amazing revolutions of Peru, to which he had been an eyewitness. This kingdom is the ancient patrimony of the Incas, who very imprudently quitted it to conquer another part of the world, and were at length conquered and destroyed themselves by the Spaniards.

"Those princes of their family who remained in their native country acted more wisely. They ordained, with the consent of their whole nation, that none of the inhabitants of our little kingdom should ever quit it; and to this wise ordinance we owe the preservation of our innocence and happiness. The Spaniards had some confused notion of this country, to which they gave the name of El Dorado; and Sir Walter Raleigh, an Englishman, actually came very near it about three hundred years ago; but the inaccessible rocks and precipices with which our country is surrounded on all sides, has hitherto secured us from the rapacious fury of the people of Europe, who have an unaccountable fondness for the pebbles and dirt of our land, for the sake of which they would murder us all to the very last man."

The conversation lasted some time and turned chiefly on the form of government, their manners, their women, their public diversions, and the arts. At length, Candide, who had always had a taste for metaphysics, asked whether the people of that country had any religion.

The old man reddened a little at this question.

"Can you doubt it?" said he; "do you take us for wretches lost to all sense of gratitude?"

Cacambo asked in a respectful manner what was the established religion of El Dorado. The old man blushed again and said, "Can there be two religions, then? Ours, I apprehend, is the religion of the whole world; we worship God from morning till night."

"Do you worship but one God?" said Cacambo, who still acted as the interpreter of Candide's doubts.

"Certainly," said the old man; "there are not two, nor three, nor four Gods. I must confess the people of your world ask very extraordinary questions."

However, Candide could not refrain from making many more inquiries of the old man; he wanted to know in what manner they prayed to God in El Dorado.

"We do not pray to Him at all," said the reverend sage; "we have nothing to ask of Him, He has given us all we want, and we give Him thanks incessantly."

Candide had a curiosity to see some of their priests, and desired Cacambo to ask the old man where they were. At which he smiling said, "My friends, we are all of us priests; the King and all the heads of families sing solemn hymns of thanksgiving every morning, accompanied by five or six thousand musicians."

"What!" said Cacambo, "have you no monks among you to dispute, to govern, to intrigue, and to burn people who are not of the same opinion with themselves?"

"Do you take us for fools?" said the old man. "Here we are all of one opinion, and know not what you mean by your monks."

During the whole of this discourse Candide was in raptures, and he said to himself, "What a prodigious difference is there between this place and Westphalia; and this house and the Baron's castle. Ah, Master Pangloss! Had you ever seen El Dorado, you would no longer have maintained that the castle of Thunder-ten-tronckh was the finest of all possible edifices; there is nothing like seeing the world, that's certain."

This long conversation being ended, the old man ordered six sheep to be harnessed and put to the coach, and sent twelve of his servants to escort the travelers to court.

"Excuse me," said he, "for not waiting on you in person, my age deprives me of that honor. The King will receive you in such a manner that you will have no reason to complain; and doubtless you will make a proper allowance for the customs of the country if they should not happen altogether to please you."

Candide and Cacambo got into the coach, the six sheep flew, and, in less than a quarter of an hour, they arrived at the King's palace, which was situated at the further end of the capital. At the entrance was a portal two hundred and twenty feet high and one hundred wide; but it is impossible for words to express the materials of which it was built. The reader, however, will readily conceive that they must have a prodigious superiority over the pebbles and sand, which we call gold and precious stones.

Twenty beautiful young virgins in waiting received Candide and Cacambo on their alighting from the coach, conducted them to the bath and clad them in robes woven of the down of hummingbirds; after which they were introduced by the great officers of the crown of both sexes to the King's apartment, between two files of musicians, each file consisting of a thousand, agreeable to the custom of the country.

When they drew near to the presence-chamber, Cacambo asked one of the officers in what manner they were to pay their obeisance to His Majesty; whether it was the custom to fall upon their knees, or to prostrate themselves upon the ground; whether they were to put their hands upon their heads, or behind their backs; whether they were to lick the dust off the floor; in short, what was the ceremony usual on such occasions.

"The custom," said the great officer, "is to embrace the King and kiss him on each cheek."

Candide and Cacambo accordingly threw their arms round His

Majesty's neck, who received them in the most gracious manner imaginable, and very politely asked them to sup with him.

While supper was preparing, orders were given to show them the city, where they saw public structures that reared their lofty heads to the clouds; the marketplaces decorated with a thousand columns; fountains of spring water, besides others of rose water, and of liquors drawn from the sugarcane, incessantly flowing in the great squares, which were paved with a kind of precious stones that emitted an odor like that of cloves and cinnamon. Candide asked to see the High Court of justice, the Parliament; but was answered that they had none in that country, being utter strangers to lawsuits. He then inquired if they had any prisons; they replied none. But what gave him at once the greatest surprise and pleasure was the Palace of Sciences, where he saw a gallery two thousand feet long, filled with the various apparatus in mathematics and natural philosophy.

After having spent the whole afternoon in seeing only about the thousandth part of the city, they were brought back to the King's palace. Candide sat down at the table with His Majesty, his valet Cacambo, and several ladies of the court. Never was entertainment more elegant, nor could any one possibly show more wit than His Majesty displayed while they were at supper. Cacambo explained all the King's bons mots to Candide, and, although they were translated, they still appeared to be bons mots. Of all the things that surprised Candide, this was not the least.

They spent a whole month in this hospitable place, during which time Candide was continually saying to Cacambo, "I own, my friend, once more, that the castle where I was born is a mere nothing in comparison to the place where we now are; but still Miss Cunegund is not here, and you yourself have doubtless some fair one in Europe for whom you sigh. If we remain here we shall only be as others are; whereas if we return to our own world with only a dozen of El Dorado sheep, loaded with the pebbles of this country, we shall be richer than all the kings in Europe; we shall no longer need to stand in awe of the Inquisitors; and we may easily recover Miss Cunegund."

This speech was perfectly agreeable to Cacambo. A fondness for roving, for making a figure in their own country, and for boasting of what they had seen in their travels, was so powerful in our two wanderers that they resolved to be no longer happy; and demanded permission of the King to quit the country.

"You are about to do a rash and silly action," said the King. "I am sensible my kingdom is an inconsiderable spot; but when people are tolerably at their ease in any place, I should think it would be to their interest to remain there. Most assuredly, I have no right to detain you, or any strangers, against your wills; this is an act of tyranny to which our manners and our laws are equally repugnant. All men are by nature free; you have therefore an undoubted liberty to depart whenever you please, but you will have many and great difficulties to encounter in passing the frontiers. It is impossible to ascend that rapid river which runs under high and vaulted rocks, and by which you were conveyed hither by a kind of miracle. The mountains by which my kingdom are hemmed in on all sides, are ten thousand feet high, and perfectly perpendicular; they are above ten leagues across, and the descent from them is one continued precipice. However, since you are determined to leave us, I will immediately give orders to the superintendent of my carriages to cause one to be made that will convey you very safely. When they have conducted you to the back of the mountains, nobody can attend you farther; for my subjects have made a vow never to quit the kingdom, and they are too prudent to break it. Ask me whatever else you please."

"All we shall ask of Your Majesty," said Cacambo, "is only a few sheep laden with provisions, pebbles, and the clay of your country."

The King smiled at the request and said, "I cannot imagine what pleasure you Europeans find in our yellow clay; but take away as much of it as you will, and much good may it do you."

He immediately gave orders to his engineers to make a machine to hoist these two extraordinary men out of the kingdom. Three thousand good machinists went to work and finished it in about fifteen days, and it did not cost more than twenty millions sterling of that country's money. Candide and Cacambo were placed on this machine, and they took with them two large red sheep, bridled and saddled, to ride upon, when they got on the other side of the mountains; twenty others to serve as sumpters for carrying provisions; thirty laden with presents of whatever was most curious in the country, and fifty with gold, diamonds, and other precious stones. The King, at parting with our two adventurers, embraced them with the greatest cordiality.

It was a curious sight to behold the manner of their setting off, and the ingenious method by which they and their sheep were hoisted to the top of the mountains. The machinists and engineers took leave of them as soon as they had conveyed them to a place of safety, and Candide was wholly occupied with the thoughts of presenting his sheep to Miss Cunegund.

"Now," cried he, "thanks to Heaven, we have more than sufficient to pay the Governor of Buenos Ayres for Miss Cunegund, if she is redeemable. Let us make the best of our way to Cayenne, where we will take shipping and then we may at leisure think of what kingdom we shall purchase with our riches."

Chapter 19 What Happened to Them at Surinam, and How Candide Became Acquainted with Martin

Our travelers' first day's journey was very pleasant; they were elated with the prospect of possessing more riches than were to be found in Europe, Asia, and Africa together. Candide, in amorous transports, cut the name of Miss Cunegund on almost every tree he came to. The second day two of their sheep sunk in a morass, and were swallowed up with their lading; two more died of fatigue; some few days afterwards seven or eight perished with hunger in a desert, and others, at different times, tumbled down precipices, or were otherwise lost, so that, after traveling about a hundred days they had only two sheep left of the hundred and two they brought with them from El Dorado.

Said Candide to Cacambo, "You see, my dear friend, how perishable the riches of this world are; there is nothing solid but virtue."

"Very true," said Cacambo, "but we have still two sheep remaining, with more treasure than ever the King of Spain will be possessed of; and I espy a town at a distance, which I take to be Surinam, a town belonging to the Dutch. We are now at the end of our troubles, and at the beginning of happiness."

As they drew near the town they saw a Negro stretched on the ground with only one half of his habit, which was a kind of linen frock;

for the poor man had lost his left leg and his right hand.

"Good God," said Candide in Dutch, "what dost thou here, friend, in this deplorable condition?"

"I am waiting for my master, Mynheer Vanderdendur, the famous trader," answered the Negro.

"Was it Mynheer Vanderdendur that used you in this cruel manner?"

"Yes, sir," said the Negro; "it is the custom here. They give a linen garment twice a year, and that is all our covering. When we labor in the sugar works, and the mill happens to snatch hold of a finger, they instantly chop off our hand; and when we attempt to run away, they cut off a leg. Both these cases have happened to me, and it is at this expense that you eat sugar in Europe; and yet when my mother sold me for ten patacoons on the coast of Guinea, she said to me, 'My dear child, bless our fetishes; adore them forever; they will make thee live happy; thou hast the honor to be a slave to our lords the whites, by which thou wilt make the fortune of us thy parents.'

"Alas! I know not whether I have made their fortunes; but they have not made mine; dogs, monkeys, and parrots are a thousand times less wretched than I. The Dutch fetishes who converted me tell me every Sunday that the blacks and whites are all children of one father, whom they call Adam. As for me, I do not understand anything of genealogies; but if what these preachers say is true, we are all second cousins; and you must allow that it is impossible to be worse treated by our relations than we are."

"O Pangloss!" cried out Candide, "such horrid doings never entered thy imagination. Here is an end of the matter. I find myself, after all, obliged to renounce thy Optimism."

"Optimism," said Cacambo, "what is that?"

"Alas!" replied Candide, "it is the obstinacy of maintaining that everything is best when it is worst."

And so saying he turned his eyes towards the poor Negro, and shed a flood of tears; and in this weeping mood he entered the town of Surinam.

Immediately upon their arrival our travelers inquired if there was any vessel in the harbor which they might send to Buenos Ayres. The person they addressed themselves to happened to be the master of a Spanish bark, who offered to agree with them on moderate terms, and appointed them a meeting at a public house. Thither Candide and his faithful Cacambo went to wait for him, taking with them their two sheep.

Candide, who was all frankness and sincerity, made an ingenuous recital of his adventures to the Spaniard, declaring to him at the same time his resolution of carrying off Miss Cunegund from the Governor of Buenos Ayres.

"Oh, ho!" said the shipmaster, "if that is the case, get whom you please to carry you to Buenos Ayres; for my part, I wash my hands of the affair. It would prove a hanging matter to us all. The fair Cunegund is the Governor's favorite mistress."

These words were like a clap of thunder to Candide; he wept bitterly for a long time, and, taking Cacambo aside, he said to him, "I'll tell you, my dear friend, what you must do. We have each of us in our pockets to the value of five or six millions in diamonds; you are cleverer at these matters than I; you must go to Buenos Ayres and bring off Miss Cunegund. If the Governor makes any difficulty give him a million; if he holds out, give him two; as you have not killed an Inquisitor, they will have no suspicion of you. I'll fit out another ship and go to Venice, where I will wait for you. Venice is a free country, where we shall have nothing to fear from Bulgarians, Abares, Jews or Inquisitors."

Cacambo greatly applauded this wise resolution. He was inconsolable at the thoughts of parting with so good a master, who treated him more like an intimate friend than a servant; but the pleasure of being able to do him a service soon got the better of his sorrow. They embraced each other with a flood of tears. Candide charged him not to forget the old woman. Cacambo set out the same day. This Cacambo was a very honest fellow.

Candide continued some days longer at Surinam, waiting for any captain to carry him and his two remaining sheep to Italy. He hired domestics, and purchased many things necessary for a long voyage; at length Mynheer Vanderdendur, skipper of a large Dutch vessel, came and offered his service.

"What will you have," said Candide, "to carry me, my servants, my baggage, and these two sheep you see here, directly to Venice?"

The skipper asked ten thousand piastres, and Candide agreed to his demand without hestitation.

"Ho, ho!" said the cunning Vanderdendur to himself, "this stranger must be very rich; he agrees to give me ten thousand piastres without hesitation."

Returning a little while after, he told Candide that upon second consideration he could not undertake the voyage for less than twenty thousand.

"Very well; you shall have them," said Candide.

"Zounds!" said the skipper to himself, "this man agrees to pay twenty thousand piastres with as much ease as ten."

Accordingly he went back again, and told him roundly that he would not carry him to Venice for less than thirty thousand piastres.

"Then you shall have thirty thousand," said Candide.

"Odso!" said the Dutchman once more to himself, "thirty thousand piastres seem a trifle to this man. Those sheep must certainly be laden with an immense treasure. I'll e'en stop here and ask no more; but make him pay down the thirty thousand piastres, and then we may see what is to be done farther."

Candide sold two small diamonds, the least of which was worth more than all the skipper asked. He paid him beforehand, the two sheep were put on board, and Candide followed in a small boat to join the vessel in the road. The skipper took advantage of his opportunity, hoisted sail, and put out to sea with a favorable wind. Candide, confounded and amazed, soon lost sight of the ship.

"Alas!" said he, "this is a trick like those in our old world!"

He returned back to the shore overwhelmed with grief; and, indeed, he had lost what would have made the fortune of twenty monarchs.

Straightway upon his landing he applied to the Dutch magistrate; being transported with passion he thundered at the door, which being opened, he went in, told his case, and talked a little louder than was necessary. The magistrate began with fining him ten thousand piastres for his petulance, and then listened very patiently to what he had to say, promised to examine into the affair on the skipper's return, and ordered him to pay ten thousand piastres more for the fees of the court.

This treatment put Candide out of all patience; it is true, he had suffered misfortunes a thousand times more grievous, but the cool insolence of the judge, and the villainy of the skipper raised his choler and threw him into a deep melancholy. The villainy of mankind presented itself to his mind in all its deformity, and his soul was a prey to the most gloomy ideas. After some time, hearing that the captain of a French ship was ready to set sail for Bordeaux, as he had no more sheep loaded with diamonds to put on board, he hired the cabin at the usual price; and made it known in the town that he would pay the passage and board of any honest man who would give him his company during the voyage; besides making him a present of ten thousand piastres, on condition that such person was the most dissatisfied with his condition, and the most unfortunate in the whole province.

Upon this there appeared such a crowd of candidates that a large fleet could not have contained them. Candide, willing to choose from among those who appeared most likely to answer his intention, selected twenty, who seemed to him the most sociable, and who all pretended to merit the preference. He invited them to his inn, and promised to treat them with a supper, on condition that every man should bind himself by an oath to relate his own history; declaring at the same time, that he would make choice of that person who should appear to him the most deserving of compassion, and the most justly dissatisfied with his condition in life; and that he would make a present to the rest.

This extraordinary assembly continued sitting till four in the morning. Candide, while he was listening to their adventures, called to mind what the old woman had said to him in their voyage to Buenos Ayres, and the wager she had laid that there was not a person on board the ship but had met with great misfortunes. Every story he heard put him in mind of Pangloss.

"My old master," said he, "would be confoundedly put to it to demonstrate his favorite system. Would he were here! Certainly if everything is for the best, it is in El Dorado, and not in the other parts of the world."

At length he determined in favor of a poor scholar, who had labored ten years for the booksellers at Amsterdam: being of opinion that no employment could be more detestable.

This scholar, who was in fact a very honest man, had been robbed by his wife, beaten by his son, and forsaken by his daughter, who had run away with a Portuguese. He had been likewise deprived of a small employment on which he subsisted, and he was persecuted by the clergy of Surinam, who took him for a Socinian. It must be acknowledged that the other competitors were, at least, as wretched as he; but Candide was in hopes that the company of a man of letters would relieve the tediousness of the voyage. All the other candidates complained that Candide had done them great injustice, but he stopped their mouths by a present of a hundred piastres to each.

Chapter 20 What Befell Candide and Martin on Their Passage

The old philosopher, whose name was Martin, took shipping with Candide for Bordeaux. Both had seen and suffered a great deal, and had the ship been going from Surinam to Japan round the Cape of Good Hope, they could have found sufficient entertainment for each other during the whole voyage, in discoursing upon moral and natural evil.

Candide, however, had one advantage over Martin: he lived in the pleasing hopes of seeing Miss Cunegund once more; whereas, the poor philosopher had nothing to hope for. Besides, Candide had money and jewels, and, not withstanding he had lost a hundred red sheep laden with the greatest treasure outside of El Dorado, and though he still smarted from the reflection of the Dutch skipper's knavery, yet when he considered what he had still left, and repeated the name of Cunegund, especially after meal times, he inclined to Pangloss's doctrine.

"And pray," said he to Martin, "what is your opinion of the whole of this system? What notion have you of moral and natural evil?"

"Sir," replied Martin, "our priest accused me of being a Socinian; but the real truth is, I am a Manichaean."

"Nay, now you are jesting," said Candide; "there are no Manichaeans existing at present in the world."

"And yet I am one," said Martin; "but I cannot help it. I cannot for the soul of me think otherwise."

"Surely the Devil must be in you," said Candide.

"He concerns himself so much," replied Martin, "in the affairs of this world that it is very probable he may be in me as well as everywhere else; but I must confess, when I cast my eye on this globe, or rather globule, I cannot help thinking that God has abandoned it to some malignant being. I always except El Dorado. I scarce ever knew a city that did not wish the destruction of its neighboring city; nor a family that did not desire to exterminate some other family. The poor in all parts of the world bear an inveterate hatred to the rich, even while they creep and cringe to them; and the rich treat the poor like sheep, whose wool and flesh they barter for money; a million of regimented assassins traverse Europe from one end to the other, to get their bread by regular depredation and murder, because it is the most gentlemanlike profession. Even in those cities which seem to enjoy the blessings of peace, and where the arts flourish, the inhabitants are devoured with envy, care, and inquietudes, which are greater plagues than any experienced in a town besieged. Private chagrins are still more dreadful than public calamities. In a word," concluded the philosopher, "I have seen and suffered so much that I am a Manichaean."

"And yet there is some good in the world," replied Candide.

"Maybe so," said Martin, "but it has escaped my knowledge."

While they were deeply engaged in this dispute they heard the report of cannon, which redoubled every moment. Each took out his glass, and they spied two ships warmly engaged at the distance of about three miles. The wind brought them both so near the French ship that those on board her had the pleasure of seeing the fight with great ease. After several smart broadsides the one gave the other a shot between wind and water which sunk her outright. Then could Candide and Martin plainly perceive a hundred men on the deck of the vessel which was sinking, who, with hands uplifted to Heaven, sent forth piercing cries, and were in a moment swallowed up by the waves.

"Well," said Martin, "you now see in what manner mankind treat one another."

"It is certain," said Candide, "that there is something diabolical in this affair." As he was speaking thus he spied something of a shining red hue, which swam close to the vessel. The boat was hoisted out to see what it might be, when it proved to be one of his sheep. Candide felt more joy at the recovery of this one animal than he did grief when he lost the other hundred, though laden with the large diamonds of El Dorado.

The French captain quickly perceived that the victorious ship belonged to the crown of Spain; that the other was a Dutch pirate, and the very same captain who had robbed Candide. The immense riches which this villain had amassed, were buried with him in the deep, and only this one sheep saved out of the whole.

"You see," said Candide to Martin, "that vice is sometimes punished. This villain, the Dutch skipper, has met with the fate he deserved."

"Very true," said Martin, "but why should the passengers be doomed also to destruction? God has punished the knave, and the Devil has drowned the rest."

The French and Spanish ships continued their cruise, and Candide and Martin their conversation. They disputed fourteen days successively, at the end of which they were just as far advanced as the first moment they began. However, they had the satisfaction of disputing, of communicating their ideas, and of mutually comforting each other. Candide embraced his sheep with transport.

"Since I have found thee again," said he, "I may possibly find my Cunegund once more."

Chapter 21 Candide and Martin, While Thus Reasoning with Each Other, Draw Near to the Coast of France

At length they descried the coast of France, when Candide said to Martin, "Pray Monsieur Martin, were you ever in France?"

"Yes, sir," said Martin, "I have been in several provinces of that kingdom. In some, one half of the people are fools and madmen; in some, they are too artful; in others, again, they are, in general, either very good-natured or very brutal; while in others, they affect to be witty, and in all, their ruling passion is love, the next is slander, and the last is to talk nonsense."

"But, pray, Monsieur Martin, were you ever in Paris?"

"Yes, sir, I have been in that city, and it is a place that contains the several species just described; it is a chaos, a confused multitude, where everyone seeks for pleasure without being able to find it; at least, as far as I have observed during my short stay in that city. At my arrival I was robbed of all I had in the world by pickpockets and sharpers, at the fair of Saint-Germain. I was taken up myself for a robber, and confined in prison a whole week; after which I hired myself as corrector to a press in order to get a little money towards defraying my expenses back to Holland on foot. I knew the whole tribe of scribblers, malcontents, and fanatics. It is said the people of that city are very polite; I believe they may be."

"For my part, I have no curiosity to see France," said Candide. "You may easily conceive, my friend, that after spending a month in El Dorado, I can desire to behold nothing upon earth but Miss Cunegund. I am going to wait for her at Venice. I intend to pass through France, on my way to Italy. Will you not bear me company?"

"With all my heart," said Martin. "They say Venice is agreeable to none but noble Venetians, but that, nevertheless, strangers are well received there when they have plenty of money; now I have none, but you have, therefore I will attend you wherever you please."

"Now we are upon this subject," said Candide, "do you think that the earth was originally sea, as we read in that great book which belongs to the captain of the ship?"

"I believe nothing of it," replied Martin, "any more than I do of the many other chimeras which have been related to us for some time past."

"But then, to what end," said Candide, "was the world formed?"

"To make us mad," said Martin.

"Are you not surprised," continued Candide, "at the love which the two girls in the country of the Oreillons had for those two monkeys? You know I have told you the story."

"Surprised?" replied Martin, "not in the least. I see nothing strange in this passion. I have seen so many extraordinary things that there is nothing extraordinary to me now."

"Do you think," said Candide, "that mankind always massacred one another as they do now? Were they always guilty of lies, fraud, treachery, ingratitude, inconstancy, envy, ambition, and cruelty? Were they always thieves, fools, cowards, gluttons, drunkards, misers, calumniators, debauchees, fanatics, and hypocrites?"

"Do you believe," said Martin, "that hawks have always been

accustomed to eat pigeons when they came in their way?"

"Doubtless," said Candide.

"Well then," replied Martin, "if hawks have always had the same nature, why should you pretend that mankind change theirs?"

"Oh," said Candide, "there is a great deal of difference; for free will—" and reasoning thus they arrived at Bordeaux.

Chapter 22 What Happened to Candide and Martin in France

Candide stayed no longer at Bordeaux than was necessary to dispose of a few of the pebbles he had brought from El Dorado, and to provide himself with a post-chaise for two persons, for he could no longer stir a step without his philosopher Martin. The only thing that give him concern was being obliged to leave his sheep behind him, which he intrusted to the care of the Academy of Sciences at Bordeaux, who proposed, as a prize subject for the year, to prove why the wool of this sheep was red; and the prize was adjudged to a northern sage, who demonstrated by A plus B, minus C, divided by Z, that the sheep must necessarily be red, and die of the mange.

In the meantime, all travelers whom Candide met with in the inns, or on the road, told him to a man, that they were going to Paris. This general eagerness gave him likewise a great desire to see this capital; and it was not much out of his way to Venice.

He entered the city by the suburbs of Saint-Marceau, and thought himself in one of the vilest hamlets in all Westphalia.

Candide had not been long at his inn, before he was seized with a slight disorder, owing to the fatigue he had undergone. As he wore a diamond of an enormous size on his finger and had among the rest of his equipage a strong box that seemed very weighty, he soon found himself between two physicians, whom he had not sent for, a number of intimate friends whom he had never seen, and who would not quit his bedside, and two women devotees, who were very careful in providing him hot broths.

"I remember," said Martin to him, "that the first time I came to Paris I was likewise taken ill. I was very poor, and accordingly I had neither friends, nurses, nor physicians, and yet I did very well."

However, by dint of purging and bleeding, Candide's disorder became very serious. The priest of the parish came with all imaginable politeness to desire a note of him, payable to the bearer in the other world. Candide refused to comply with his request; but the two devotees assured him that it was a new fashion. Candide replied, that he was not one that followed the fashion. Martin was for throwing the priest out of the window. The clerk swore Candide should not have Christian burial. Martin swore in his turn that he would bury the clerk alive if he continued to plague them any longer. The dispute grew warm; Martin took him by the shoulders and turned him out of the room, which gave great scandal, and occasioned a proces-verbal.

Candide recovered, and till he was in a condition to go abroad had a great deal of good company to pass the evenings with him in his chamber. They played deep. Candide was surprised to find he could never turn a trick; and Martin was not at all surprised at the matter.

Among those who did him the honors of the place was a little spruce abbe of Perigord, one of those insinuating, busy, fawning, impudent, necessary fellows, that lay wait for strangers on their arrival, tell them all the scandal of the town, and offer to minister to their pleasures at various prices. This man conducted Candide and Martin to the playhouse; they were acting a new tragedy. Candide found himself placed near a cluster of wits: this, however, did not prevent him from shedding tears at some parts of the piece which were most affecting, and best acted.

One of these talkers said to him between acts, "You are greatly to blame to shed tears; that actress plays horribly, and the man that plays with her still worse, and the piece itself is still more execrable than the representation. The author does not understand a word of Arabic, and yet he has laid his scene in Arabia, and what is more, he is a fellow who does not believe in innate ideas. Tomorrow I will bring you a score of pamphlets that have been written against him."

"Pray, sir," said Candide to the abbe, "how many theatrical pieces have you in France?"

"Five or six thousand," replied the abbe.

"Indeed! That is a great number," said Candide, "but how many good ones may there be?"

"About fifteen or sixteen."

"Oh! That is a great number," said Martin.

Candide was greatly taken with an actress, who performed the part of Queen Elizabeth in a dull kind of tragedy that is played sometimes.

"That actress," said he to Martin, "pleases me greatly; she has some sort of resemblance to Miss Cunegund. I should be very glad to pay my respects to her."

The abbe of Perigord offered his service to introduce him to her at her own house. Candide, who was brought up in Germany, desired to know what might be the ceremonial used on those occasions, and how a queen of England was treated in France.

"There is a necessary distinction to be observed in these matters," said the abbe. "In a country town we take them to a tavern; here in Paris, they are treated with great respect during their lifetime, provided they are handsome, and when they die we throw their bodies upon a dunghill."

"How?" said Candide, "throw a queen's body upon a dunghill!"

"The gentleman is quite right," said Martin, "he tells you nothing but the truth. I happened to be at Paris when Miss Monimia made her exit, as one may say, out of this world into another. She was refused what they call here the rites of sepulture; that is to say, she was denied the privilege of rotting in a churchyard by the side of all the beggars in the parish. They buried her at the corner of Burgundy Street, which must certainly have shocked her extremely, as she had very exalted notions of things."

"This is acting very impolitely," said Candide.

"Lord!" said Martin, "what can be said to it? It is the way of these people. Figure to yourself all the contradictions, all the inconsistencies possible, and you may meet with them in the government, the courts of justice, the churches, and the public spectacles of this odd nation."

"Is it true," said Candide, "that the people of Paris are always laughing?"

"Yes," replied the abbe, "but it is with anger in their hearts; they express all their complaints by loud bursts of laughter, and commit the most detestable crimes with a smile on their faces."

"Who was that great overgrown beast," said Candide, "who spoke so ill to me of the piece with which I was so much affected, and of the players who gave me so much pleasure?"

"A very good-for-nothing sort of a man I assure you," answered the abbe, "one who gets his livelihood by abusing every new book and play that is written or performed; he dislikes much to see anyone meet with success, like eunuchs, who detest everyone that possesses those powers they are deprived of; he is one of those vipers in literature who nourish themselves with their own venom; a pamphlet-monger."

"A pamphlet-monger!" said Candide, "what is that?"

"Why, a pamphlet-monger," replied the abbe, "is a writer of pamphlets—a fool."

Candide, Martin, and the abbe of Perigord argued thus on the staircase, while they stood to see the people go out of the playhouse.

"Though I am very anxious to see Miss Cunegund again," said Candide, "yet I have a great inclination to sup with Miss Clairon, for I am really much taken with her."

The abbe was not a person to show his face at this lady's house, which was frequented by none but the best company.

"She is engaged this evening," said he, "but I will do myself the honor to introduce you to a lady of quality of my acquaintance, at whose house you will see as much of the manners of Paris as if you had lived here for forty years."

Candide, who was naturally curious, suffered himself to be conducted to this lady's house, which was in the suburbs of Saint-Honore. The company was engaged at basset; twelve melancholy punters held each in his hand a small pack of cards, the corners of which were doubled down, and were so many registers of their ill fortune. A profound silence reigned throughout the assembly, a pallid dread had taken possession of the countenances of the punters, and restless inquietude stretched every muscle of the face of him who kept the bank; and the lady of the house, who was seated next to him, observed with lynx's eyes every play made, and noted those who tallied, and made them undouble their cards with a severe exactness, though mixed with a politeness, which she thought necessary not to frighten away her customers. This lady assumed the title of Marchioness of Parolignac. Her daughter, a girl of about fifteen years of age, was one of the punters, and took care to give her mamma a hint, by signs, when any one of the players attempted to repair the rigor of their ill fortune by a little innocent deception. The company were thus occupied when Candide, Martin, and the abbe made their entrance; not a creature rose to salute them, or indeed took the least notice of them, being wholly intent upon the business at hand.

"Ah!" said Candide, "My Lady Baroness of Thunder-ten-tronckh would have behaved more civilly."

However, the abbe whispered in the ear of the Marchioness, who half raising herself from her seat, honored Candide with a gracious smile, and gave Martin a nod of her head, with an air of inexpressible dignity. She then ordered a seat for Candide, and desired him to make one of their party at play; he did so, and in a few deals lost near a thousand pieces; after which they supped very elegantly, and everyone was surprised at seeing Candide lose so much money without appearing to be the least disturbed at it. The servants in waiting said to each other, "This is certainly some English lord."

The supper was like most others of its kind in Paris. At first everyone was silent; then followed a few confused murmurs, and afterwards several insipid jokes passed and repassed, with false reports, false reasonings, a little politics, and a great deal of scandal. The conversation then turned upon the new productions in literature.

"Pray," said the abbe, "good folks, have you seen the romance written by a certain Gauchat, Doctor of Divinity?"

"Yes," answered one of the company, "but I had not patience to go through it. The town is pestered with a swarm of impertinent productions, but this of Dr. Gauchat's outdoes them all. In short, I was so cursedly tired of reading this vile stuff that I even resolved to come here, and make a party at basset."

"But what say you to the archdeacon T-'s miscellaneous collection," said the abbe.

"Oh my God!" cried the Marchioness of Parolignac, "never mention the tedious creature! Only think what pains he is at to tell one things that all the world knows; and how he labors an argument that is hardly worth the slightest consideration! How absurdly he makes use of other people's wit! How miserably he mangles what he has pilfered from them! The man makes me quite sick! A few pages of the good archdeacon are enough in conscience to satisfy anyone."

There was at the table a person of learning and taste, who supported what the Marchioness had advanced. They next began to talk of tragedies. The lady desired to know how it came about that there were several tragedies, which still continued to be played, though they would not bear reading? The man of taste explained very clearly how a piece may be in some manner interesting without having a grain of merit. He showed, in a few words, that it is not sufficient to throw together a few incidents that are to be met with in every romance, and that to dazzle the spectator the thoughts should be new, without being farfetched; frequently sublime, but always natural; the author should have a thorough knowledge of the human heart and make it speak properly; he should be a complete poet, without showing an affectation of it in any of the characters of his piece; he should be a perfect master of his language, speak it with all its purity, and with the utmost harmony, and yet so as not to make the sense a slave to the rhyme. "Whoever," added he, "neglects any one of these rules, though he may write two or three tragedies with tolerable success, will never be reckoned in the number of good authors. There are very few good tragedies; some are idylls, in very well-written and harmonious dialogue; and others a chain of political reasonings that set one asleep, or else pompous and high-flown amplification, that disgust rather than please. Others again are the ravings of a madman, in an uncouth style, unmeaning flights, or long apostrophes to the deities, for want of knowing how to address mankind; in a word a collection of false maxims and dull commonplace."

Candide listened to this discourse with great attention, and conceived a high opinion of the person who delivered it; and as the Marchioness had taken care to place him near her side, he took the liberty to whisper her softly in the ear and ask who this person was that spoke so well.

"He is a man of letters," replied Her Ladyship, "who never plays, and whom the abbe brings with him to my house sometimes to spend an evening. He is a great judge of writing, especially in tragedy; he has composed one himself, which was damned, and has written a book that was never seen out of his bookseller's shop, excepting only one copy, which he sent me with a dedication, to which he had prefixed my name."

"Oh the great man," cried Candide, "he is a second Pangloss."

Then turning towards him, "Sir," said he, "you are doubtless of opinion that everything is for the best in the physical and moral world, and that nothing could be otherwise than it is?"

"I, sir!" replied the man of letters, "I think no such thing, I assure you; I find that all in this world is set the wrong end uppermost. No one knows what is his rank, his office, nor what he does, nor what he should do. With the exception of our evenings, which we generally pass tolerably merrily, the rest of our time is spent in idle disputes and quarrels, Jansenists against Molinists, the Parliament against the Church, and one armed body of men against another; courtier against courtier, husband against wife, and relations against relations. In short, this world is nothing but one continued scene of civil war."

"Yes," said Candide, "and I have seen worse than all that; and yet a learned man, who had the misfortune to be hanged, taught me that everything was marvelously well, and that these evils you are speaking of were only so many shades in a beautiful picture."

"Your hempen sage," said Martin, "laughed at you; these shades, as you call them, are most horrible blemishes."

"The men make these blemishes," rejoined Candide, "and they cannot do otherwise."

"Then it is not their fault," added Martin.

The greatest part of the gamesters, who did not understand a syllable of this discourse, amused themselves with drinking, while Martin reasoned with the learned gentleman and Candide entertained the lady of the house with a part of his adventures.

After supper the Marchioness conducted Candide into her dressingroom, and made him sit down under a canopy.

"Well," said she, "are you still so violently fond of Miss Cunegund of Thunder-ten-tronckh?"

"Yes, madam," replied Candide.

The Marchioness said to him with a tender smile, "You answer me like a young man born in Westphalia; a Frenchman would have said, 'It is true, madam, I had a great passion for Miss Cunegund; but since I have seen you, I fear I can no longer love her as I did.'"

"Alas! Madam," replied Candide, "I will make you what answer you please."

"You fell in love with her, I find, in stooping to pick up her handkerchief which she had dropped; you shall pick up my garter."

"With all my heart, madam," said Candide, and he picked it up.

"But you must tie it on again," said the lady.

Candide tied it on again.

"Look ye, young man," said the Marchioness, "you are a stranger; I make some of my lovers here in Paris languish for me a whole fortnight; but I surrender to you at first sight, because I am willing to do the honors of my country to a young Westphalian."

The fair one having cast her eye on two very large diamonds that were upon the young stranger's finger, praised them in so earnest a manner that they were in an instant transferred from his finger to hers.

As Candide was going home with the abbe he felt some qualms of conscience for having been guilty of infidelity to Miss Cunegund. The abbe took part with him in his uneasiness; he had but an inconsiderable share in the thousand pieces Candide had lost at play, and the two diamonds which had been in a manner extorted from him; and therefore very prudently designed to make the most he could of his new acquaintance, which chance had thrown in his way. He talked much of Miss Cunegund, and Candide assured him that he would heartily ask pardon of that fair one for his infidelity to her, when he saw her at Venice.

The abbe redoubled his civilities and seemed to interest himself warmly in everything that Candide said, did, or seemed inclined to do.

"And so, sir, you have an engagement at Venice?"

"Yes, Monsieur l'Abbe," answered Candide, "I must absolutely wait upon Miss Cunegund," and then the pleasure he took in talking about the object he loved, led him insensibly to relate, according to custom, part of his adventures with that illustrious Westphalian beauty.

"I fancy," said the abbe, "Miss Cunegund has a great deal of wit, and that her letters must be very entertaining."

"I never received any from her," said Candide; "for you are to consider that, being expelled from the castle upon her account, I could not write to her, especially as soon after my departure I heard she was dead; but thank God I found afterwards she was living. I left her again after this, and now I have sent a messenger to her near two thousand leagues from here, and wait here for his return with an answer from her."

The artful abbe let not a word of all this escape him, though he seemed to be musing upon something else. He soon took his leave of the two adventurers, after having embraced them with the greatest cordiality.

The next morning, almost as soon as his eyes were open, Candide received the following billet:

"My Dearest Lover—I have been ill in this city these eight days. I have heard of your arrival, and should fly to your arms were I able to stir. I was informed of your being on the way hither at Bordeaux, where I left the faithful Cacambo, and the old woman, who will soon follow me. The Governor of Buenos Ayres has taken everything from me but your heart, which I still retain. Come to me immediately on the receipt of this. Your presence will either give me new life, or kill me with the pleasure."

At the receipt of this charming, this unexpected letter, Candide felt the utmost transports of joy; though, on the other hand, the indisposition of his beloved Miss Cunegund overwhelmed him with grief. Distracted between these two passions he took his gold and his diamonds, and procured a person to conduct him and Martin to the house where Miss Cunegund lodged. Upon entering the room he felt his limbs tremble, his heart flutter, his tongue falter; he attempted to undraw the curtain, and called for a light to the bedside.

"Lord sir," cried a maidservant, who was waiting in the room, "take care what you do, Miss cannot bear the least light," and so saying she pulled the curtain close again.

"Cunegund! My dear!" cried Candide, bathed in tears, "how do you do? If you cannot bear the light, speak to me at least."

"Alas! She cannot speak," said the maid.

The sick lady then put a plump hand out of the bed and Candide first bathed it with tears, then filled it with diamonds, leaving a purse of gold upon the easy chair.

In the midst of his transports came an officer into the room, followed by the abbe, and a file of musketeers.

"There," said he, "are the two suspected foreigners." At the same time he ordered them to be seized and carried to prison.

"Travelers are not treated in this manner in the country of El Dorado," said Candide.

"I am more of a Manichaean now than ever," said Martin.

"But pray, good sir, where are you going to carry us?" said Candide.

"To a dungeon, my dear sir," replied the officer.

When Martin had a little recovered himself, so as to form a cool judgment of what had passed, he plainly perceived that the person who had acted the part of Miss Cunegund was a cheat; that the abbe of Perigord was a sharper who had imposed upon the honest simplicity of Candide, and that the officer was a knave, whom they might easily get rid of.

Candide following the advice of his friend Martin, and burning with impatience to see the real Miss Cunegund, rather than be obliged to appear at a court of justice, proposed to the officer to make him a present of three small diamonds, each of them worth three thousand pistoles.

"Ah, sir," said the understrapper of justice, "had you commited ever so much villainy, this would render you the honestest man living, in my eyes. Three diamonds worth three thousand pistoles! Why, my dear sir, so far from carrying you to jail, I would lose my life to serve you. There are orders for stopping all strangers; but leave it to me, I have a brother at Dieppe, in Normandy. I myself will conduct you thither, and if you have a diamond left to give him he will take as much care of you as I myself should."

"But why," said Candide, "do they stop all strangers?"

The abbe of Perigord made answer that it was because a poor devil of the country of Atrebata heard somebody tell foolish stories, and this induced him to commit a parricide; not such a one as that in the month of May, 1610, but such as that in the month of December in the year 1594, and such as many that have been perpetrated in other months and years, by other poor devils who had heard foolish stories.

The officer then explained to them what the abbe meant.

"Horrid monsters," exclaimed Candide, "is it possible that such scenes should pass among a people who are perpetually singing and dancing? Is there no flying this abominable country immediately, this execrable kingdom where monkeys provoke tigers? I have seen bears in my country, but men I have beheld nowhere but in El Dorado. In the name of God, sir," said he to the officer, "do me the kindness to conduct me to Venice, where I am to wait for Miss Cunegund."

"Really, sir," replied the officer, "I cannot possibly wait on you farther than Lower Normandy."

So saying, he ordered Candide's irons to be struck off, acknowledged himself mistaken, and sent his followers about their business, after which he conducted Candide and Martin to Dieppe, and left them to the care of his brother.

There happened just then to be a small Dutch ship in the harbor. The

Norman, whom the other three diamonds had converted into the most obliging, serviceable being that ever breathed, took care to see Candide and his attendants safe on board this vessel, that was just ready to sail for Portsmouth in England. This was not the nearest way to Venice, indeed, but Candide thought himself escaped out of Hell, and did not, in the least, doubt but he should quickly find an opportunity of resuming his voyage to Venice.

Chapter 23 Candide and Martin Touch upon the English Coast—What They See There

"Ah Pangloss! Pangloss! Ah Martin! Ah my dear Miss Cunegund! What sort of a world is this?" Thus exclaimed Candide as soon as he got on board the Dutch ship.

"Why something very foolish, and very abominable," said Martin.

"You are acquainted with England," said Candide; "are they as great fools in that country as in France?"

"Yes, but in a different manner," answered Martin. "You know that these two nations are at war about a few acres of barren land in the neighborhood of Canada, and that they have expended much greater sums in the contest than all Canada is worth. To say exactly whether there are a greater number fit to be inhabitants of a madhouse in the one country than the other, exceeds the limits of my imperfect capacity; I know in general that the people we are going to visit are of a very dark and gloomy disposition."

As they were chatting thus together they arrived at Portsmouth. The shore on each side the harbor was lined with a multitude of people, whose eyes were steadfastly fixed on a lusty man who was kneeling down on the deck of one of the men-of-war, with something tied before his eyes. Opposite to this personage stood four soldiers, each of whom shot three bullets into his skull, with all the composure imaginable; and when it was done, the whole company went away perfectly well satisfied.

"What the devil is all this for?" said Candide, "and what demon, or foe of mankind, lords it thus tyrannically over the world?"

He then asked who was that lusty man who had been sent out of the world with so much ceremony. When he received for answer, that it was an admiral.

"And pray why do you put your admiral to death?"

"Because he did not put a sufficient number of his fellow creatures to death. You must know, he had an engagement with a French admiral, and it has been proved against him that he was not near enough to his antagonist."

"But," replied Candide, "the French admiral must have been as far from him."

"There is no doubt of that; but in this country it is found requisite, now and then, to put an admiral to death, in order to encourage the others to fight."

Candide was so shocked at what he saw and heard, that he would not set foot on shore, but made a bargain with the Dutch skipper (were he even to rob him like the captain of Surinam) to carry him directly to Venice.

The skipper was ready in two days. They sailed along the coast of France, and passed within sight of Lisbon, at which Candide trembled. From thence they proceeded to the Straits, entered the Mediterranean, and at length arrived at Venice.

"God be praised," said Candide, embracing Martin, "this is the place where I am to behold my beloved Cunegund once again. I can confide in Cacambo, like another self. All is well, all is very well, all is well as possible."

Chapter 24 Of Pacquette and Friar Giroflee

Upon their arrival at Venice Candide went in search of Cacambo at every inn and coffee-house, and among all the ladies of pleasure, but could hear nothing of him. He sent every day to inquire what ships were in, still no news of Cacambo.

"It is strange," said he to Martin, "very strange that I should have time to sail from Surinam to Bordeaux; to travel thence to Paris, to Dieppe, to Portsmouth; to sail along the coast of Portugal and Spain, and up the Mediterranean to spend some months at Venice; and that my lovely Cunegund should not have arrived. Instead of her, I only met with a Parisian impostor, and a rascally abbe of Perigord. Cunegund is actually dead, and I have nothing to do but follow her. Alas! How much better would it have been for me to have remained in the paradise of El Dorado than to have returned to this cursed Europe! You are in the right, my dear Martin; you are certainly in the right; all is misery and deceit."

He fell into a deep melancholy, and neither went to the opera then in vogue, nor partook of any of the diversions of the Carnival; nay, he even slighted the fair sex.

Martin said to him, "Upon my word, I think you are very simple to imagine that a rascally valet, with five or six millions in his pocket, would go in search of your mistress to the further of the world, and bring her to Venice to meet you. If he finds her he will take her for himself; if he does not, he will take another. Let me advise you to forget your valet Cacambo, and your mistress Cunegund."

Martin's speech was not the most consolatory to the dejected Candide. His melancholy increased, and Martin never ceased trying to prove to him that there is very little virtue or happiness in this world; except, perhaps, in El Dorado, where hardly anybody can gain admittance.

While they were disputing on this important subject, and still expecting Miss Cunegund, Candide perceived a young Theatin friar in the Piazza San Marco, with a girl under his arm. The Theatin looked fresh-colored, plump, and vigorous; his eyes sparkled; his air and gait were bold and lofty. The girl was pretty, and was singing a song; and every now and then gave her Theatin an amorous ogle and wantonly pinched his ruddy cheeks.

"You will at least allow," said Candide to Martin, "that these two are happy. Hitherto I have met with none but unfortunate people in the whole habitable globe, except in El Dorado; but as to this couple, I would venture to lay a wager they are happy."

"Done!" said Martin, "they are not what you imagine."

"Well, we have only to ask them to dine with us," said Candide, "and you will see whether I am mistaken or not."

Thereupon he accosted them, and with great politeness invited them to his inn to eat some macaroni, with Lombard partridges and caviar, and to drink a bottle of Montepulciano, Lacryma Christi, Cyprus, and Samos wine. The girl blushed; the Theatin accepted the invitation and she followed him, eyeing Candide every now and then with a mixture of surprise and confusion, while the tears stole down her cheeks. No sooner did she enter his apartment than she cried out, "How, Monsieur Candide, have you quite forgot your Pacquette? Do you not know her again?"

Candide had not regarded her with any degree of attention before, being wholly occupied with the thoughts of his dear Cunegund.

"Ah! Is it you, child? Was it you that reduced Dr. Pangloss to that fine condition I saw him in?"

"Alas! Sir," answered Pacquette, "it was I, indeed. I find you are acquainted with everything; and I have been informed of all the misfortunes that happened to the whole family of My Lady Baroness and the fair Cunegund. But I can safely swear to you that my lot was no less deplorable; I was innocence itself when you saw me last. A Franciscan, who was my confessor, easily seduced me; the consequences proved terrible. I was obliged to leave the castle some time after the Baron kicked you out by the backside from there; and if a famous surgeon had not taken compassion on me, I had been a dead woman. Gratitude obliged me to live with him some time as his mistress; his wife, who was a very devil for jealousy, beat me unmercifully every day. Oh! She was a perfect fury. The doctor himself was the most ugly of all mortals, and I the most wretched creature existing, to be continually beaten for a man whom I did not love. You are sensible, sir, how dangerous it was for an ill-natured woman to be married to a physician. Incensed at the behavior of his wife, he one day gave her so affectionate a remedy for a slight cold she had caught that she died in less than two hours in most dreadful convulsions. Her relations prosecuted the husband, who was obliged to fly, and I was sent to prison. My innocence would not have saved me, if I had not been tolerably handsome. The judge gave me my liberty on condition he should succeed the doctor. However, I was soon supplanted by a rival, turned off without a farthing, and obliged to continue the abominable trade which you men think so pleasing, but which to us unhappy creatures is the most dreadful of all sufferings. At length I came to follow the business at Venice. Ah! Sir, did you but know what it is to be obliged to receive every visitor; old tradesmen, counselors, monks, watermen, and abbes; to be exposed to all their insolence and abuse; to be often necessitated to borrow a petticoat, only that it may be taken up by some disagreeable wretch; to be robbed by one gallant of what we get from another; to be subject to the extortions of civil magistrates; and to have forever before one's eyes the prospect of old age, a hospital, or a dunghill, you would conclude that I am one of the most unhappy wretches breathing."

Thus did Pacquette unbosom herself to honest Candide in his closet, in the presence of Martin, who took occasion to say to him, "You see I have half won the wager already."

Friar Giroflee was all this time in the parlor refreshing himself with a glass or two of wine till dinner was ready.

"But," said Candide to Pacquette, "you looked so gay and contented, when I met you, you sang and caressed the Theatin with so much fondness, that I absolutely thought you as happy as you say you are now miserable."

"Ah! Dear sir," said Pacquette, "this is one of the miseries of the trade; yesterday I was stripped and beaten by an officer; yet today I must appear good humored and gay to please a friar."

Candide was convinced and acknowledged that Martin was in the right. They sat down to table with Pacquette and the Theatin; the entertainment was agreeable, and towards the end they began to converse together with some freedom.

"Father," said Candide to the friar, "you seem to me to enjoy a state of happiness that even kings might envy; joy and health are painted in your countenance. You have a pretty wench to divert you; and you seem to be perfectly well contented with your condition as a Theatin."

"Faith, sir," said Friar Giroflee, "I wish with all my soul the Theatins were every one of them at the bottom of the sea. I have been tempted a thousand times to set fire to the monastery and go and turn Turk. My parents obliged me, at the age of fifteen, to put on this detestable habit only to increase the fortune of an elder brother of mine, whom God confound! Jealousy, discord, and fury, reside in our monastery. It is true I have preached often paltry sermons, by which I have got a little money, part of which the prior robs me of, and the remainder helps to pay my girls; but, not withstanding, at night, when I go hence to my monastery, I am ready to dash my brains against the walls of the dormitory; and this is the case with all the rest of our fraternity."

Martin, turning towards Candide, with his usual indifference, said, "Well, what think you now? Have I won the wager entirely?"

Candide gave two thousand piastres to Pacquette, and a thousand to Friar Giroflee, saying, "I will answer that this will make them happy."

"I am not of your opinion," said Martin, "perhaps this money will only make them wretched."

"Be that as it may," said Candide, "one thing comforts me; I see that one often meets with those whom one never expected to see again; so that, perhaps, as I have found my red sheep and Pacquette, I may be lucky enough to find Miss Cunegund also."

"I wish," said Martin, "she one day may make you happy; but I doubt it much."

"You lack faith," said Candide.

"It is because," said Martin, "I have seen the world."

"Observe those gondoliers," said Candide, "are they not perpetually singing?”

“You do not see them,” answered Martin, “at home with their wives and brats. The doge has his chagrin, gondoliers theirs. Nevertheless, in the main, I look upon the gondolier’s life as preferable to that of the doge; but the difference is so trifling that it is not worth the trouble of examining into.”

“I have heard great talk,” said Candide, “of the Senator Pococurante, who lives in that fine house at the Brenta, where, they say, he entertains foreigners in the most polite manner.”

“They pretend this man is a perfect stranger to uneasiness. I should be glad to see so extraordinary a being,” said Martin.

Candide thereupon sent a messenger to Seignor Pococurante, desiring permission to wait on him the next day.

Chapter 25 Candide and Martin Pay a Visit to Seignor Pococurante, a Noble Venetian

Candide and his friend Martin went in a gondola on the Brenta, and arrived at the palace of the noble Pococurante. The gardens were laid out in elegant taste, and adorned with fine marble statues; his palace was built after the most approved rules of architecture. The master of the house, who was a man of affairs, and very rich, received our two travelers with great politeness, but without much ceremony, which somewhat disconcerted Candide, but was not at all displeasing to Martin.

As soon as they were seated, two very pretty girls, neatly dressed, brought in chocolate, which was extremely well prepared. Candide could not help praising their beauty and graceful carriage.

"The creatures are all right," said the senator; "I amuse myself with them sometimes, for I am heartily tired of the women of the town, their coquetry, their jealousy, their quarrels, their humors, their meannesses, their pride, and their folly; I am weary of making sonnets, or of paying for sonnets to be made on them; but after all, these two girls begin to grow very indifferent to me."

After having refreshed himself, Candide walked into a large gallery, where he was struck with the sight of a fine collection of paintings.

"Pray," said Candide, "by what master are the two first of these?"

"They are by Raphael," answered the senator. "I gave a great deal of money for them seven years ago, purely out of curiosity, as they were said to be the finest pieces in Italy; but I cannot say they please me: the coloring is dark and heavy; the figures do not swell nor come out enough; and the drapery is bad. In short, notwithstanding the encomiums lavished upon them, they are not, in my opinion, a true representation of nature. I approve of no paintings save those wherein I think I behold nature itself; and there are few, if any, of that kind to be met with. I have what is called a fine collection, but I take no manner of delight in it."

While dinner was being prepared Pococurante ordered a concert. Candide praised the music to the skies.

"This noise," said the noble Venetian, "may amuse one for a little time, but if it were to last above half an hour, it would grow tiresome to everybody, though perhaps no one would care to own it. Music has become the art of executing what is difficult; now, whatever is difficult cannot be long pleasing.

"I believe I might take more pleasure in an opera, if they had not made such a monster of that species of dramatic entertainment as perfectly shocks me; and I am amazed how people can bear to see wretched tragedies set to music; where the scenes are contrived for no other purpose than to lug in, as it were by the ears, three or four ridiculous songs, to give a favorite actress an opportunity of exhibiting her pipe. Let who will die away in raptures at the trills of a eunuch quavering the majestic part of Caesar or Cato, and strutting in a foolish manner upon the stage, but for my part I have long ago renounced these paltry entertainments, which constitute the glory of modern Italy, and are so dearly purchased by crowned heads."

Candide opposed these sentiments; but he did it in a discreet manner;

as for Martin, he was entirely of the old senator's opinion.

Dinner being served they sat down to table, and, after a hearty repast, returned to the library. Candide, observing Homer richly bound, commended the noble Venetian's taste.

"This," said he, "is a book that was once the delight of the great Pangloss, the best philosopher in Germany."

"Homer is no favorite of mine," answered Pococurante, coolly, "I was made to believe once that I took a pleasure in reading him; but his continual repetitions of battles have all such a resemblance with each other; his gods that are forever in haste and bustle, without ever doing anything; his Helen, who is the cause of the war, and yet hardly acts in the whole performance; his Troy, that holds out so long, without being taken: in short, all these things together make the poem very insipid to me. I have asked some learned men, whether they are not in reality as much tired as myself with reading this poet: those who spoke ingenuously, assured me that he had made them fall asleep, and yet that they could not well avoid giving him a place in their libraries; but that it was merely as they would do an antique, or those rusty medals which are kept only for curiosity, and are of no manner of use in commerce."

"But your excellency does not surely form the same opinion of Virgil?" said Candide.

"Why, I grant," replied Pococurante, "that the second, third, fourth, and sixth books of his Aeneid, are excellent; but as for his pious Aeneas, his strong Cloanthus, his friendly Achates, his boy Ascanius, his silly king Latinus, his ill-bred Amata, his insipid Lavinia, and some other characters much in the same strain, I think there cannot in nature be anything more flat and disagreeable. I must confess I prefer Tasso far beyond him; nay, even that sleepy taleteller Ariosto."

"May I take the liberty to ask if you do not experience great pleasure from reading Horace?" said Candide.

"There are maxims in this writer," replied Pococurante, "whence a man of the world may reap some benefit; and the short measure of the verse makes them more easily to be retained in the memory. But I see nothing extraordinary in his journey to Brundusium, and his account of his bad dinner; nor in his dirty, low quarrel between one Rupillius, whose words, as he expresses it, were full of poisonous filth; and another, whose language was dipped in vinegar. His indelicate verses against old women and witches have frequently given me great offense: nor can I discover the great merit of his telling his friend Maecenas, that if he will but rank him in the class of lyric poets, his lofty head shall touch the stars. Ignorant readers are apt to judge a writer by his reputation. For my part, I read only to please myself. I like nothing but what makes for my purpose."

Candide, who had been brought up with a notion of never making use of his own judgment, was astonished at what he heard; but Martin found there was a good deal of reason in the senator's remarks.

"Oh! Here is a Tully," said Candide; "this great man I fancy you are never tired of reading?"

"Indeed I never read him at all," replied Pococurante. "What is it to me whether he pleads for Rabirius or Cluentius? I try causes enough myself. I had once some liking for his philosophical works; but when I found he doubted everything, I thought I knew as much as himself, and had no need of a guide to learn ignorance."

"Ha!" cried Martin, "here are fourscore volumes of the memoirs of the Academy of Sciences; perhaps there may be something curious and valuable in this collection."

"Yes," answered Pococurante, "so there might if any one of these compilers of this rubbish had only invented the art of pin-making; but all these volumes are filled with mere chimerical systems, without one single article conductive to real utility."

"I see a prodigious number of plays," said Candide, "in Italian, Spanish, and French."

"Yes," replied the Venetian, "there are I think three thousand, and not three dozen of them good for anything. As to those huge volumes of divinity, and those enormous collections of sermons, they are not all together worth one single page in Seneca; and I fancy you will readily believe that neither myself, nor anyone else, ever looks into them."

Martin, perceiving some shelves filled with English books, said to the senator, "I fancy that a republican must be highly delighted with those books, which are most of them written with a noble spirit of freedom."

"It is noble to write as we think," said Pococurante; "it is the privilege of humanity. Throughout Italy we write only what we do not think; and the present inhabitants of the country of the Caesars and Antonines dare not acquire a single idea without the permission of a Dominican father. I should be enamored of the spirit of the English nation, did it not utterly frustrate the good effects it would produce by passion and the spirit of party."

Candide, seeing a Milton, asked the senator if he did not think that author a great man.

"Who?" said Pococurante sharply; "that barbarian who writes a tedious commentary in ten books of rumbling verse, on the first chapter of Genesis? That slovenly imitator of the Greeks, who disfigures the creation, by making the Messiah take a pair of compasses from Heaven's armory to plan the world; whereas Moses represented the Diety as producing the whole universe by his fiat? Can I think you have any esteem for a writer who has spoiled Tasso's Hell and the Devil; who transforms Lucifer sometimes into a toad, and at others into a pygmy; who makes him say the same thing over again a hundred times; who metamorphoses him into a school-divine; and who, by an absurdly serious imitation of Ariosto's comic invention of firearms, represents the devils and angels cannonading each other in Heaven? Neither I nor any other Italian can possibly take pleasure in such melancholy reveries; but the marriage of Sin and Death, and snakes issuing from the womb of the former, are enough to make any person sick that is not lost to all sense of delicacy. This obscene, whimsical, and disagreeable poem met with the neglect it deserved at its first publication; and I only treat the author now as he was treated in his own country by his contemporaries."

Candide was sensibly grieved at this speech, as he had a great respect for Homer, and was fond of Milton.

"Alas!" said he softly to Martin, "I am afraid this man holds our German poets in great contempt."

"There would be no such great harm in that," said Martin.

"O what a surprising man!" said Candide, still to himself; "what a prodigious genius is this Pococurante! Nothing can please him."

After finishing their survey of the library, they went down into the garden, when Candide commended the several beauties that offered themselves to his view.

"I know nothing upon earth laid out in such bad taste," said Pococurante; "everything about it is childish and trifling; but I shall have another laid out tomorrow upon a nobler plan."

As soon as our two travelers had taken leave of His Excellency, Candide said to Martin, "Well, I hope you will own that this man is the happiest of all mortals, for he is above everything he possesses."

"But do not you see," answered Martin, "that he likewise dislikes everything he possesses? It was an observation of Plato, long since, that those are not the best stomachs that reject, without distinction, all sorts of aliments."

"True," said Candide, "but still there must certainly be a pleasure in criticising everything, and in perceiving faults where others think they see beauties."

"That is," replied Martin, "there is a pleasure in having no pleasure."

"Well, well," said Candide, "I find that I shall be the only happy man at last, when I am blessed with the sight of my dear Cunegund."

"It is good to hope," said Martin.

In the meanwhile, days and weeks passed away, and no news of Cacambo. Candide was so overwhelmed with grief, that he did not reflect on the behavior of Pacquette and Friar Giroflee, who never stayed to return him thanks for the presents he had so generously made them.

Chapter 26 Candide and Martin Sup with Six Sharpers—Who They Were

One evening as Candide, with his attendant Martin, was going to sit down to supper with some foreigners who lodged in the same inn where they had taken up their quarters, a man with a face the color of soot came behind him, and taking him by the arm, said, "Hold yourself in readiness to go along with us; be sure you do not fail."

Upon this, turning about to see from whom these words came, he beheld Cacambo. Nothing but the sight of Miss Cunegund could have given him greater joy and surprise. He was almost beside himself, and embraced this dear friend.

"Cunegund!" said he, "Cunegund is come with you doubtless! Where, where is she? Carry me to her this instant, that I may die with joy in her presence."

"Cunegund is not here," answered Cacambo; "she is in Constantinople."

"Good heavens! In Constantinople! But no matter if she were in China, I would fly thither. Quick, quick, dear Cacambo, let us be gone."

"Soft and fair," said Cacambo, "stay till you have supped. I cannot at present stay to say anything more to you; I am a slave, and my master waits for me; I must go and attend him at table: but mum! Say not a word, only get your supper, and hold yourself in readiness."

Candide, divided between joy and grief, charmed to have thus met with his faithful agent again, and surprised to hear he was a slave, his heart palpitating, his senses confused, but full of the hopes of recovering his dear Cunegund, sat down to table with Martin, who beheld all these scenes with great unconcern, and with six strangers, who had come to spend the Carnival at Venice.

Cacambo waited at table upon one of those strangers. When supper was nearly over, he drew near to his master, and whispered in his ear:

"Sire, Your Majesty may go when you please; the ship is ready"; and so saying he left the room.

The guests, surprised at what they had heard, looked at each other without speaking a word; when another servant drawing near to his master, in like manner said, "Sire, Your Majesty's post-chaise is at Padua, and the bark is ready." The master made him a sign, and he instantly withdrew.

The company all stared at each other again, and the general astonishment was increased. A third servant then approached another of the strangers, and said, "Sire, if Your Majesty will be advised by me, you will not make any longer stay in this place; I will go and get everything ready;" and instantly disappeared.

Candide and Martin then took it for granted that this was some of the diversions of the Carnival, and that these were characters in masquerade. Then a fourth domestic said to the fourth stranger, "Your Majesty may set off when you please;" saying which, he went away like the rest. A fifth valet said the same to a fifth master. But the sixth domestic spoke in a different style to the person on whom he waited, and who sat near to Candide.

"Troth, sir," said he, "they will trust Your Majesty no longer, nor myself neither; and we may both of us chance to be sent to jail this very night; and therefore I shall take care of myself, and so adieu."

The servants being all gone, the six strangers, with Candide and Martin, remained in a profound silence. At length Candide broke it by saying:

"Gentlemen, this is a very singular joke upon my word; how came you all to be kings? For my part I own frankly, that neither my friend Martin here, nor myself, have any claim to royalty."

Cacambo's master then began, with great gravity, to deliver himself thus in Italian:

"I am not joking in the least, my name is Achmet III. I was Grand Sultan for many years; I dethroned my brother, my nephew dethroned me, my viziers lost their heads, and I am condemned to end my days in the old seraglio. My nephew, the Grand Sultan Mahomet, gives me permission to travel sometimes for my health, and I am come to spend the Carnival at Venice."

A young man who sat by Achmet, spoke next, and said:

"My name is Ivan. I was once Emperor of all the Russians, but was dethroned in my cradle. My parents were confined, and I was brought up in a prison, yet I am sometimes allowed to travel, though always with persons to keep a guard over me, and I come to spend the Carnival at Venice."

The third said:

"I am Charles Edward, King of England; my father has renounced his right to the throne in my favor. I have fought in defense of my rights, and near a thousand of my friends have had their hearts taken out of their bodies alive and thrown in their faces. I have myself been confined in a prison. I am going to Rome to visit the King, my father, who was dethroned as well as myself; and my grandfather and I have come to spend the Carnival at Venice."

The fourth spoke thus:

"I am the King of Poland; the fortune of war has stripped me of my hereditary dominions. My father experienced the same vicissitudes of fate. I resign myself to the will of Providence, in the same manner as Sultan Achmet, the Emperor Ivan, and King Charles Edward, whom God long preserve; and I have come to spend the Carnival at Venice."

The fifth said:

"I am King of Poland also. I have twice lost my kingdom; but Providence has given me other dominions, where I have done more good than all the Sarmatian kings put together were ever able to do on the banks of the Vistula; I resign myself likewise to Providence; and have come to spend the Carnival at Venice."

It now came to the sixth monarch's turn to speak. "Gentlemen," said he, "I am not so great a prince as the rest of you, it is true, but I am, however, a crowned head. I am Theodore, elected King of Corsica. I have had the title of Majesty, and am now hardly treated with common civility. I have coined money, and am not now worth a single ducat. I have had two secretaries, and am now without a valet. I was once seated on a throne, and since that have lain upon a truss of straw, in a common jail in London, and I very much fear I shall meet with the same fate here in Venice, where I came, like Your Majesties, to divert myself at the Carnival."

The other five Kings listened to this speech with great attention; it excited their compassion; each of them made the unhappy Theodore a present of twenty sequins, and Candide gave him a diamond, worth just a hundred times that sum.

"Who can this private person be," said the five Kings to one another, "who is able to give, and has actually given, a hundred times as much as any of us?"

Just as they rose from table, in came four Serene Highnesses, who had also been stripped of their territories by the fortune of war, and had come to spend the remainder of the Carnival at Venice. Candide took no manner of notice of them; for his thoughts were wholly employed on his voyage to Constantinople, where he intended to go in search of his lovely Miss Cunegund.

Chapter 27 Candide's Voyage to Constantinople

The trusty Cacambo had already engaged the captain of the Turkish ship that was to carry Sultan Achmet back to Constantinople to take Candide and Martin on board. Accordingly they both embarked, after paying their obeisance to his miserable Highness. As they were going on board, Candide said to Martin:

"You see we supped in company with six dethroned Kings, and to one of them I gave charity. Perhaps there may be a great many other princes still more unfortunate. For my part I have lost only a hundred sheep, and am now going to fly to the arms of my charming Miss Cunegund. My dear Martin, I must insist on it, that Pangloss was in the right. All is for the best."

"I wish it may be," said Martin.

"But this was an odd adventure we met with at Venice. I do not think there ever was an instance before of six dethroned monarchs supping together at a public inn."

"This is not more extraordinary," said Martin, "than most of what has happened to us. It is a very common thing for kings to be dethroned; and as for our having the honor to sup with six of them, it is a mere accident, not deserving our attention."

As soon as Candide set his foot on board the vessel, he flew to his old friend and valet Cacambo and, throwing his arms about his neck, embraced him with transports of joy.

"Well," said he, "what news of Miss Cunegund? Does she still continue the paragon of beauty? Does she love me still? How does she do? You have, doubtless, purchased a superb palace for her at Constantinople."

"My dear master," replied Cacambo, "Miss Cunegund washes dishes on the banks of the Propontis, in the house of a prince who has very few to wash. She is at present a slave in the family of an ancient sovereign named Ragotsky, whom the Grand Turk allows three crowns a day to maintain him in his exile; but the most melancholy circumstance of all is, that she is turned horribly ugly."

"Ugly or handsome," said Candide, "I am a man of honor and, as such, am obliged to love her still. But how could she possibly have been reduced to so abject a condition, when I sent five or six millions to her by you?"

"Lord bless me," said Cacambo, "was not I obliged to give two millions to Seignor Don Fernando d'Ibaraa y Figueora y Mascarenes y Lampourdos y Souza, the Governor of Buenos Ayres, for liberty to take Miss Cunegund away with me? And then did not a brave fellow of a pirate gallantly strip us of all the rest? And then did not this same pirate carry us with him to Cape Matapan, to Milo, to Nicaria, to Samos, to Petra, to the Dardanelles, to Marmora, to Scutari? Miss Cunegund and the old woman are now servants to the prince I have told you of; and I myself am slave to the dethroned Sultan."

"What a chain of shocking accidents!" exclaimed Candide. "But after all, I have still some diamonds left, with which I can easily procure Miss Cunegund's liberty. It is a pity though she is grown so ugly."

Then turning to Martin, "What think you, friend," said he, "whose condition is most to be pitied, the Emperor Achmet's, the Emperor Ivan's, King Charles Edward's, or mine?"

"Faith, I cannot resolve your question," said Martin, "unless I had been in the breasts of you all."

"Ah!" cried Candide, "was Pangloss here now, he would have known, and satisfied me at once."

"I know not," said Martin, "in what balance your Pangloss could have weighed the misfortunes of mankind, and have set a just estimation on their sufferings. All that I pretend to know of the matter is that there are millions of men on the earth, whose conditions are a hundred times more pitiable than those of King Charles Edward, the Emperor Ivan, or Sultan Achmet."

"Why, that may be," answered Candide.

In a few days they reached the Bosphorus; and the first thing Candide did was to pay a high ransom for Cacambo; then, without losing time, he and his companions went on board a galley, in order to search for his Cunegund on the banks of the Propontis, notwithstanding she was grown so ugly.

There were two slaves among the crew of the galley, who rowed very ill, and to whose bare backs the master of the vessel frequently applied a lash. Candide, from natural sympathy, looked at these two slaves more attentively than at any of the rest, and drew near them with an eye of pity. Their features, though greatly disfigured, appeared to him to bear a strong resemblance with those of Pangloss and the unhappy Baron Jesuit, Miss Cunegund's brother. This idea affected him with grief and compassion: he examined them more attentively than before.

"In troth," said he, turning to Martin, "if I had not seen my master

Pangloss fairly hanged, and had not myself been unlucky enough to run the Baron through the body, I should absolutely think those two rowers were the men."

No sooner had Candide uttered the names of the Baron and Pangloss, than the two slaves gave a great cry, ceased rowing, and let fall their oars out of their hands. The master of the vessel, seeing this, ran up to them, and redoubled the discipline of the lash.

"Hold, hold," cried Candide, "I will give you what money you shall ask for these two persons."

"Good heavens! it is Candide," said one of the men.

"Candide!" cried the other.

"Do I dream," said Candide, "or am I awake? Am I actually on board this galley? Is this My Lord the Baron, whom I killed? And that my master Pangloss, whom I saw hanged before my face?"

"It is I! It is I!" cried they both together.

"What! Is this your great philosopher?" said Martin.

"My dear sir," said Candide to the master of the galley, "how much do you ask for the ransom of the Baron of Thunder-ten-tronckh, who is one of the first barons of the empire, and of Monsieur Pangloss, the most profound metaphysician in Germany?"

"Why, then, Christian cur," replied the Turkish captain, "since these two dogs of Christian slaves are barons and metaphysicians, who no doubt are of high rank in their own country, thou shalt give me fifty thousand sequins."

"You shall have them, sir; carry me back as quick as thought to Constantinople, and you shall receive the money immediately—No! Carry me first to Miss Cunegund."

The captain, upon Candide's first proposal, had already tacked about, and he made the crew ply their oars so effectually, that the vessel flew through the water, quicker than a bird cleaves the air.

Candide bestowed a thousand embraces on the Baron and Pangloss. "And so then, my dear Baron, I did not kill you? And you, my dear Pangloss, are come to life again after your hanging? But how came you slaves on board a Turkish galley?"

"And is it true that my dear sister is in this country?" said the Baron.

"Yes," said Cacambo.

"And do I once again behold my dear Candide?" said Pangloss.

Candide presented Martin and Cacambo to them; they embraced each other, and all spoke together. The galley flew like lightning, and soon they were got back to port. Candide instantly sent for a Jew, to whom he sold for fifty thousand sequins a diamond richly worth one hundred thousand, though the fellow swore to him all the time by Father Abraham that he gave him the most he could possibly afford. He no sooner got the money into his hands, than he paid it down for the ransom of the Baron and Pangloss. The latter flung himself at the feet of his deliverer, and bathed him with his tears; the former thanked him with a gracious nod, and promised to return him the money the first opportunity.

"But is it possible," said he, "that my sister should be in Turkey?"

"Nothing is more possible," answered Cacambo, "for she scours the dishes in the house of a Transylvanian prince."

Candide sent directly for two Jews, and sold more diamonds to them; and then he set out with his companions in another galley, to deliver Miss Cunegund from slavery.

Chapter 28 What Befell Candide, Cunegund, Pangloss, Martin, etc.

"Pardon," said Candide to the Baron; "once more let me entreat your pardon, Reverend Father, for running you through the body."

"Say no more about it," replied the Baron. "I was a little too hasty I must own; but as you seem to be desirous to know by what accident I came to be a slave on board the galley where you saw me, I will inform you. After I had been cured of the wound you gave me, by the College apothecary, I was attacked and carried off by a party of Spanish troops, who clapped me in prison in Buenos Ayres, at the very time my sister was setting out from there. I asked leave to return to Rome, to the general of my Order, who appointed me chaplain to the French Ambassador at Constantinople. I had not been a week in my new office, when I happened to meet one evening a young Icoglan, extremely handsome and well-made. The weather was very hot; the young man had an inclination to bathe. I took the opportunity to bathe likewise. I did not know it was a crime for a Christian to be found naked in company with a young Turk. A cadi ordered me to receive a hundred blows on the soles of my feet, and sent me to the galleys. I do not believe that there was ever an act of more flagrant injustice. But I would fain know how my sister came to be a scullion to a Transylvanian prince, who has taken refuge among the

Turks?"

"But how happens it that I behold you again, my dear Pangloss?" said Candide.

"It is true," answered Pangloss, "you saw me hanged, though I ought properly to have been burned; but you may remember, that it rained extremely hard when they were going to roast me. The storm was so violent that they found it impossible to light the fire; so they hanged me because they could do no better. A surgeon purchased my body, carried it home, and prepared to dissect me. He began by making a crucial incision from my navel to the clavicle. It is impossible for anyone to have been more lamely hanged than I had been. The executioner was a subdeacon, and knew how to burn people very well, but as for hanging, he was a novice at it, being quite out of practice; the cord being wet, and not slipping properly, the noose did not join. In short, I still continued to breathe; the crucial incision made me scream to such a degree, that my surgeon fell flat upon his back; and imagining it was the Devil he was dissecting, ran away, and in his fright tumbled down stairs. His wife hearing the noise, flew from the next room, and seeing me stretched upon the table with my crucial incision, was still more terrified than her husband, and fell upon him. When they had a little recovered themselves, I heard her say to her husband, 'My dear, how could you think of dissecting a heretic? Don't you know that the Devil is always in them? I'll run directly to a priest to come and drive the evil spirit out.' I trembled from head to foot at hearing her talk in this manner, and exerted what little strength I had left to cry out, 'Have mercy on me!' At length the Portuguese barber took courage, sewed up my wound, and his wife nursed me; and I was upon my legs in a fortnight's time. The barber got me a place to be lackey to a Knight of Malta, who was going to Venice; but finding my master had no money to pay me my wages, I entered into the service of a Venetian merchant and went with him to Constantinople.

"One day I happened to enter a mosque, where I saw no one but an old man and a very pretty young female devotee, who was telling her beads; her neck was quite bare, and in her bosom she had a beautiful nosegay of tulips, roses, anemones, ranunculuses, hyacinths, and auriculas; she let fall her nosegay. I ran immediately to take it up, and presented it to her with a most respectful bow. I was so long in delivering it that the man began to be angry; and, perceiving I was a Christian, he cried out for help; they carried me before the cadi, who ordered me to receive one hundred bastinadoes, and sent me to the galleys. I was chained in the very galley and to the very same bench with the Baron. On board this galley there were four young men belonging to Marseilles, five Neapolitan priests, and two monks of Corfu, who told us that the like adventures happened every day. The Baron pretended that he had been worse used than myself; and I insisted that there was far less harm in taking up a nosegay, and putting it into a woman's bosom, than to be found stark naked with a young Icoglan. We were continually whipped, and received twenty lashes a day with a heavy thong, when the concatenation of sublunary events brought you on board our galley to ransom us from slavery."

"Well, my dear Pangloss," said Candide to him, "when You were hanged, dissected, whipped, and tugging at the oar, did you continue to think that everything in this world happens for the best?"

"I have always abided by my first opinion," answered Pangloss; "for, after all, I am a philosopher, and it would not become me to retract my sentiments; especially as Leibnitz could not be in the wrong: and that preestablished harmony is the finest thing in the world, as well as a plenum and the materia subtilis."

Chapter 29 In What Manner Candide Found Miss Cunegund and the Old Woman Again

While Candide, the Baron, Pangloss, Martin, and Cacambo, were relating their several adventures, and reasoning on the contingent or noncontingent events of this world; on causes and effects; on moral and physical evil; on free will and necessity; and on the consolation that may be felt by a person when a slave and chained to an oar in a Turkish galley, they arrived at the house of the Transylvanian prince on the shores of the Propontis. The first objects they beheld there, were Miss Cunegund and the old woman, who were hanging some tablecloths on a line to dry.

The Baron turned pale at the sight. Even the tender Candide, that affectionate lover, upon seeing his fair Cunegund all sunburned, with bleary eyes, a withered neck, wrinkled face and arms, all covered with a red scurf, started back with horror; but, not withstanding, recovering himself, he advanced towards her out of good manners. She embraced Candide and her brother; they embraced the old woman, and Candide ransomed them both.

There was a small farm in the neighborhood which the old woman proposed to Candide to make shift with till the company should meet with a more favorable destiny. Cunegund, not knowing that she was grown ugly, as no one had informed her of it, reminded Candide of his promise in so peremptory a manner, that the simple lad did not dare to refuse her; he then acquainted the Baron that he was going to marry his sister.

"I will never suffer," said the Baron, "my sister to be guilty of an action so derogatory to her birth and family; nor will I bear this insolence on your part. No, I never will be reproached that my nephews are not qualified for the first ecclesiastical dignities in Germany; nor shall a sister of mine ever be the wife of any person below the rank of Baron of the Empire."

Cunegund flung herself at her brother's feet, and bedewed them with her tears; but he still continued inflexible.

"Thou foolish fellow," said Candide, "have I not delivered thee from the galleys, paid thy ransom, and thy sister's, too, who was a scullion, and is very ugly, and yet condescend to marry her? And shalt thou pretend to oppose the match! If I were to listen only to the dictates of my anger, I should kill thee again."

"Thou mayest kill me again," said the Baron; "but thou shalt not marry my sister while I am living."

Chapter 30 Conclusion

Candide had, in truth, no great inclination to marry Miss Cunégund; but the extreme impertinence of the Baron determined him to conclude the match; and Cunegund pressed him so warmly, that he could not recant. He consulted Pangloss, Martin, and the faithful Cacambo. Pangloss composed a fine memorial, by which he proved that the Baron had no right over his sister; and that she might, according to all the laws of the Empire, marry Candide with the left hand. Martin concluded to throw the Baron into the sea; Cacambo decided that he must be delivered to the Turkish captain and sent to the galleys; after which he should be conveyed by the first ship to the Father General at Rome. This advice was found to be good; the old woman approved of it, and not a syllable was said to his sister; the business was executed for a little money; and they had the pleasure of tricking a Jesuit, and punishing the pride of a German baron.

It was altogether natural to imagine, that after undergoing so many disasters, Candide, married to his mistress and living with the philosopher Pangloss, the philosopher Martin, the prudent Cacambo, and the old woman, having besides brought home so many diamonds from the country of the ancient Incas, would lead the most agreeable life in the world. But he had been so robbed by the Jews, that he had nothing left but his little farm; his wife, every day growing more and more ugly, became headstrong and insupportable; the old woman was infirm, and more ill-natured yet than Cunegund. Cacambo, who worked in the garden, and carried the produce of it to sell in Constantinople, was above his labor, and cursed his fate. Pangloss despaired of making a figure in any of the German universities. And as to Martin, he was firmly persuaded that a person is equally ill-situated everywhere. He took things with patience.

Candide, Martin, and Pangloss disputed sometimes about metaphysics and morality. Boats were often seen passing under the windows of the farm laden with effendis, bashaws, and cadis, that were going into banishment to Lemnos, Mytilene and Erzerum. And other cadis, bashaws, and effendis were seen coming back to succeed the place of the exiles, and were driven out in their turns. They saw several heads curiously stuck upon poles, and carried as presents to the Sublime Porte. Such sights gave occasion to frequent dissertations; and when no disputes were in progress, the irksomeness was so excessive that the old woman ventured one day to tell them:

"I would be glad to know which is worst, to be ravished a hundred times by Negro pirates, to have one buttock cut off, to run the gauntlet among the Bulgarians, to be whipped and hanged at an auto-da-fe, to be dissected, to be chained to an oar in a galley; and, in short, to experience all the miseries through which every one of us hath passed, or to remain here doing nothing?"

"This," said Candide, "is a grand question."

This discourse gave birth to new reflections, and Martin especially concluded that man was born to live in the convulsions of disquiet, or in the lethargy of idleness. Though Candide did not absolutely agree to this, yet he did not determine anything on that head. Pangloss avowed that he had undergone dreadful sufferings; but having once maintained that everything went on as well as possible, he still maintained it, and at the same time believed nothing of it.

There was one thing which more than ever confirmed Martin in his detestable principles, made Candide hesitate, and embarrassed Pangloss, which was the arrival of Pacquette and Brother Giroflee one day at their farm. This couple had been in the utmost distress; they had very speedily made away with their three thousand piastres; they had parted, been reconciled; quarreled again, been thrown into prison; had made their escape, and at last Brother Giroflee had turned Turk. Pacquette still continued to follow her trade; but she got little or nothing by it.

"I foresaw very well," said Martin to Candide "that your presents would soon be squandered, and only make them more miserable. You and Cacambo have spent millions of piastres, and yet you are not more happy than Brother Giroflee and Pacquette."

"Ah!" said Pangloss to Pacquette, "it is Heaven that has brought you here among us, my poor child! Do you know that you have cost me the tip of my nose, one eye, and one ear? What a handsome shape is here! And what is this world!"

This new adventure engaged them more deeply than ever in philosophical disputations.

In the neighborhood lived a famous dervish who passed for the best philosopher in Turkey; they went to consult him: Pangloss, who was their spokesman, addressed him thus:

"Master, we come to entreat you to tell us why so strange an animal as man has been formed?"

"Why do you trouble your head about it?" said the dervish; "is it any business of yours?"

"But, Reverend Father," said Candide, "there is a horrible deal of evil on the earth."

"What signifies it," said the dervish, "whether there is evil or good? When His Highness sends a ship to Egypt does he trouble his head whether the rats in the vessel are at their ease or not?"

"What must then be done?" said Pangloss.

"Be silent," answered the dervish.

"I flattered myself," replied Pangloss, "to have reasoned a little with you on the causes and effects, on the best of possible worlds, the origin of evil, the nature of the soul, and a pre-established harmony."

At these words the dervish shut the door in their faces.

During this conversation, news was spread abroad that two viziers of the bench and the mufti had just been strangled at Constantinople, and several of their friends impaled. This catastrophe made a great noise for some hours. Pangloss, Candide, and Martin, as they were returning to the little farm, met with a good-looking old man, who was taking the air at his door, under an alcove formed of the boughs of orange trees. Pangloss, who was as inquisitive as he was disputative, asked him what was the name of the mufti who was lately strangled.

"I cannot tell," answered the good old man; "I never knew the name of any mufti, or vizier breathing. I am entirely ignorant of the event you speak of; I presume that in general such as are concerned in public affairs sometimes come to a miserable end; and that they deserve it: but I never inquire what is doing at Constantinople; I am contented with sending thither the produce of my garden, which I cultivate with my own hands."

After saying these words, he invited the strangers to come into his house. His two daughters and two sons presented them with divers sorts of sherbet of their own making; besides caymac, heightened with the peels of candied citrons, oranges, lemons, pineapples, pistachio nuts, and Mocha coffee unadulterated with the bad coffee of Batavia or the American islands. After which the two daughters of this good Mussulman perfumed the beards of Candide, Pangloss, and Martin.

"You must certainly have a vast estate," said Candide to the Turk.

"I have no more than twenty acres of ground," he replied, "the whole of which I cultivate myself with the help of my children; and our labor keeps off from us three great evils-idleness, vice, and want."

Candide, as he was returning home, made profound reflections on the Turk's discourse.

"This good old man," said he to Pangloss and Martin, "appears to me to have chosen for himself a lot much preferable to that of the six Kings with whom we had the honor to sup."

"Human grandeur," said Pangloss, "is very dangerous, if we believe the testimonies of almost all philosophers; for we find Eglon, King of Moab, was assassinated by Aod; Absalom was hanged by the hair of his head, and run through with three darts; King Nadab, son of Jeroboam, was slain by Baaza; King Ela by Zimri; Okosias by Jehu; Athaliah by Jehoiada; the Kings Jehooiakim, Jeconiah, and Zedekiah, were led into captivity: I need not tell you what was the fate of Croesus, Astyages, Darius, Dionysius of Syracuse, Pyrrhus, Perseus, Hannibal, Jugurtha, Ariovistus, Caesar, Pompey, Nero, Otho, Vitellius, Domitian, Richard II of England, Edward II, Henry VI, Richard Ill, Mary Stuart, Charles I, the three Henrys of France, and the Emperor Henry IV."

"Neither need you tell me," said Candide, "that we must take care of our garden."

"You are in the right," said Pangloss; "for when man was put into the garden of Eden, it was with an intent to dress it; and this proves that man was not born to be idle."

"Work then without disputing," said Martin; "it is the only way to render life supportable."

The little society, one and all, entered into this laudable design and set themselves to exert their different talents. The little piece of ground yielded them a plentiful crop. Cunegund indeed was very ugly, but she became an excellent hand at pastrywork: Pacquette embroidered; the old woman had the care of the linen. There was none, down to Brother Giroflee, but did some service; he was a very good carpenter, and became an honest man. Pangloss used now and then to say to Candide:

"There is a concatenation of all events in the best of possible worlds; for, in short, had you not been kicked out of a fine castle for the love of Miss Cunegund; had you not been put into the Inquisition; had you not traveled over America on foot; had you not run the Baron through the body; and had you not lost all your sheep, which you brought from the good country of El Dorado, you would not have been here to eat preserved citrons and pistachio nuts."

"Excellently observed," answered Candide; "but let us cultivate our garden."